ナンバ走り　古武術の動きを実践する

矢野龍彦　金田伸夫　織田淳太郎

光文社新書

プロローグ

織田淳太郎

　二〇〇二年の一二月、私は『コーチ論』（光文社新書）を上梓した。従来のスポーツトレーニングの〝常識の嘘〟を暴き、同時に最新のスポーツ理論を紹介したものだが、中でも多くの読者の関心を集めたのが、古武術からのアプローチだった。すなわち、古武術研究家・甲野《こうの》善紀《よしのり》氏が提唱する「捻《ひね》らず」「うねらず」「踏ん張らず」の基本動作を応用した成功例の紹介である。

　最初に成功したのは、東京都国立市にある都内有数の進学校・桐朋《とうほう》高校のバスケットボール部だった。当時、同部の練習は、わずか一時間二〇分という制約の中で行なわれていた。その中で彼らは古武術的身体操作のプレーへの応用を模索。「桐朋流」と呼ばれる独特な走りや肩甲骨の押し出しだけによるロングパスなどを編み出し、二〇〇〇年にはインターハイと全国選抜大会へのダブル出場を果たした。

普通校の劇的なまでの変貌。だが、成功例はアマチュアスポーツだけに留まらない。同バスケットボール部が一躍全国の強豪校へと伸し上がったその二年後、今度は長い不振に沈んでいた巨人軍の桑田真澄《くわたますみ》が、古武術の習得によって最優秀防御率のタイトルを獲得した。以来、古武術ブームがにわかに浸透していく。さらに、古武術的身体操作の象徴とも言うべき「ナンバ走り」をヒントに、陸上短距離の末續慎吾《すえつぐしんご》がパリ世界陸上二百メートルの銅メダリストになるに至って、ブームの高揚は頂点に達したところがある。

古武術ブームの火付け役となった甲野氏も、講演活動や古武術教室などでこれまで以上の繁忙を極めることになったが、一方で古武術の基本動作が、多くのスポーツ関係者に戸惑いを与えたのも事実だった。つまり、「うねり」や「ため」を極力抑えなければならないという身体運用に対する戸惑いである。

桐朋中学・高校バスケットボール部部長の金田伸夫《かねだのぶお》が甲野氏と出会ったのは一九九九年の春のことである。同部コーチの長谷川智《はせがわさとし》の紹介によるものだが、金田もまた、当初は古武術のスポーツへの応用に懐疑的な一人だった。

「古武術とバスケットの接点を見いだせなかった」と、金田は振り返っている。

「お世話になっている長谷川先生に誘われた手前、断れなかったわけですが、甲野先生とお会いしたときは、ショックを受けました。甲野先生がディフェンス役を務める私を抜き去るという勝負をしたんです。私はこう見えても元ノンプロ（東芝）のプレーヤー。甲野先生はバスケットに関して素人ですよ。それなのに、アッという間に抜かれてしまう。何度やっても結果が同じなんです。そのとき感じたのが、あのマイケル・ジョーダンの動きに似てるな、ということでした。ジョーダンに抜かれた選手が、抜かれた側とは逆方向を見ているというシーンがたまにありまして、私もそれと同じ状態になったわけです。で、そのうち何とか抜かれる方向だけは分かるようになりましたが、それでも私の体が反応しない。どういうことかと思いましたね。

当時、バスケット部では連携プレーのスピード化を目指して空中パスに取り組んでいました。私は捻《ね》じれ系、踏ん張り系の信奉者でしたからね。部員にはさかんに『首を先行させるように体を捻じれ』と教えましたが、方向性が定まらないなど、どうもうまくいかなかった。ところが、『捻じれ』と言っても捻じれない部員がいたわけです。よく見てみると、その部員の空中パスのほうが正確で速い。不思議でしたね。私が習ってきたものを実践しない選手が、うまくやってるんですから」

コーチングにおける内省と考察。変化を受け入れる姿勢。そして、古《いにしえ》の術理への挑戦——。

金田のアプローチは、自分自身を実験台にすることから始まった。

バスケットには後方に飛びながら空中でシュートを放つフェイダウェイ・シュートというテクニックがある。ノンプロ時代の金田は腹部を捻って体に半回転を加えるフェイダウェイ・シュートの習得に励んでいたが、結局はモノにすることができなかった。ところが、甲野氏と出会った後、捻じりを抑えた体全体でのターンを練習しているうちに、苦もなくマスターすることができた。

同年六月二〇日、同部はインターハイの東京都予選ベスト16で、当時日本のトップクラスだった世田谷学園と対戦した。戦法として取り入れたのは、空中での体幹捻じりをやめた、体全体を差し替える空中パスである。チームは予想外の善戦を見せた。前半戦を二点ビハインドで折り返したが、後半はスタミナ切れによって自滅した。

このスタミナ切れの問題は、やがて「桐朋流ナンバ走り」で解消された。以後、同バスケットボール部はそれを最大の武器として、インターハイ、全国選抜大会出場への劇的な進化の道を辿ることになる。

金田がコーチングにおいて重視してきたのは、ミーティングでの部員たちとの対話である。作戦面や創作テクニックにおける部員たちのアイデアは、どんなものでも却下することなく、その有効性を練習で試すというスタンスをとっている。その結果として数々の技が誕生し、金田もまた、プレーにおける多様な古武術的技法を編み出してきた。

同部コーチの矢野龍彦《やのたつひこ》は、こう口にしている。

「古武術的な動きをアレンジして教えても、マニュアルがあるわけではないですからね。選手に強制的にやらせては、なかなかうまくいかない。ただ単に踏ん張らなかったり、捻じらなかったりするという考えだけでは、逆に運動能力を低下させる危険性もあるんです。指導者が自分で実践し、ある程度、納得したものじゃないと、応用は難しい。そういう意味で、金田部長はまず自分で試し、実感してから部員に提案するというスタンスを貫いています」

古武術からのアプローチ。テレビや雑誌などのマスコミ媒体が、同部をさかんに取り上げた。その過程で多くのスポーツ関係者が教えとヒントを求めに金田のもとを訪れた。バスケットを始めとして、陸上、サッカー、ラグビー、スキー、水泳、ハンドボールなどの指導者である。

だが、そのすべてが成功したわけではない。「古武術を取り入れたせいで下手になった」

という選手の痛烈な批判を受けた指導者もいれば、スパルタ方式から選手個々の自由発想を重視したコーチングに切り替えた結果、戦力が著しく低下したチームもある。その理由は古武術的動作の持つ言葉の難解さ。それを鵜呑みにしたことで生じるパフォーマンスの誤作動にあったのかもしれない。

「各チームが古武術の習得に取り組むにしても、従来の練習を維持した上で、空いた時間に行なうのがベストなのかもしれません。うちもインターハイに出場した後、古武術の英才教育を集中的に行なったことがありますが、目の前の仲間にパスできない、ゴール下からのシュートが入らないといった、お笑いのようなチームに成り下がったことがありました。古武術の動きそのものではなく、あくまでも古武術が持つ要素をいかにスポーツに応用できるかという発想が、大事になってくるのだと思います」(金田)

本書はこのような試行錯誤の時期を経て、桐朋バスケットボール部が編み出した古武術的身体技法の数々を紹介したものであり、仮説としての各スポーツパフォーマンスへの応用集でもある。ほとんどが甲野氏からのヒントを母体としている。

「仮説」という表現をあえて使うのは、本書で紹介する技法が唯一絶対的なものではないという意味に他ならない。あくまでも、一つの可能性の提示である。

本書の執筆陣は金田、矢野、そして私の三人ということになっている。しかし、実質的な執筆陣は前出の長谷川コーチ、さらに古谷《こや》一郎《いちろう》コーチを加えた五人である。私はと言えば、わずかな応用事例を提示しただけのゴーストライター的な役割を担《にな》ったのにすぎず、したがって私を除く四人が本書の〝主力〟ということになるかもしれない。

面白いことに、この四人のうち、古伝の術理への当惑を最後まで抱いていたのは、バスケット革命の中心人物とも言える、当の金田だった。

古武術との出会いの先がけ的な存在は、桐朋中学・高校の体育講師で、同大学音楽科の講師も務める長谷川である。八九年、甲野氏の『武術を語る』（壮神社）を読んだことが、かねてからの東洋武術への関心を喚起し、同氏が主催する古武術稽古研究会「松聲館《しょうせいかん》」へ足を運ぶきっかけを作った。

長谷川は、その頃から「漠然とながらも古武術の身体操作がすべてのスポーツに応用できるのではないか」と思っていたが、「声を大にして訴える自信がなかった」という。

長谷川が甲野氏を紹介した最初の人物は、同小学校で体育を教える古谷である。一九九四年前後のことだったが、以来、古谷は古武術の手裏剣《しゅりけん》使いに深い興味を抱き、同時に授業で行なっていた民族舞踊への古武術の応用を模索するようになる。

ちょうどその頃、同大学音楽科の教授を務める矢野は、演奏に体育を取り入れようと躍起になっていた。体の使い方が演奏をより良いものにするという確信からだったが、何を取り入れても常に物足りなさを引き摺っていた。

ある日、甲野氏の『表の体育・裏の体育』（壮神社）を読んだ。矢野を襲ったのは、「こんな身体運用が果たして人間に可能なのか」という驚き。さらに「可能ならば、演奏にも活かせるかもしれない」という閃《ひらめ》きだった。

矢野はさっそく古谷に相談を持ちかけた。その古谷が矢野に紹介したのが、甲野氏の術理に傾倒していた長谷川だった。ここに古武術の叡智《えいち》に魅了された三人が結集することになる。それぞれの探求心が導いた〝出会い〟だったが、当時はまだ三人ともバスケットボール部のコーチを務めていたわけではない。この時点でスポーツを通じた金田との接点はなかった。だが、「縁は異なもの」という。九八年、長谷川が同部のメンタルコーチに就任したのが、すべての始まりだった。古武術からのアプローチによるバスケット革命への序章である。

二〇〇一年、矢野が同部のコーチに就任した。二〇〇二年には古谷もコーチになった。桐朋バスケットボール部の新たな歴史は、ここからスタートしたと言っても過言ではない。古武術を縁とする、より結束した進化へのアプローチである。

縁と言えば、私もまた、従来のスポーツトレーニングへの積年の疑問が、拙著『コーチ論』を生む土壌となっている。そこから同バスケットボール部の存在を知り、古武術の奥義に触れ、さらに本書製作者の一員としても名を連ねることができた。

この一連のプロセスが、はたして偶然によるものだったのか。


なお、金田、矢野、長谷川、古谷の四人は、他のスタッフとともに、二〇〇三年五月に「人間考学研究所」という団体を設立した。文明社会が招いた人間の「思考・心・体」のアンバランスさ。それらの協調、融合を推し進めることによって、あらゆる分野の人材育成を目指したものである。

古武術の叡智が導いた活動形態――。

やはり、縁とは「異なもの」である。

目次

第一章　投げる

1、予備動作のない、肩や肘への負担も少ないスローイングとは

「肉」ではなく「骨」を意識する

「コツをつかむ」という言葉がある。この「コツ」という文字を漢字に置き換えると、何があてはまるのか。

答えは「骨《こつ》」である。ちなみに、広辞苑第四版をひもとくと、「骨」という漢字には、人体的な意味以外にこんな解釈が付け加えられている。

〈物事をなす、かんどころ。要領〉〈ほねのように、物事のしんとなっているもの。かなめ〉

つまるところ、「コツをつかむ」とは、「かなめである骨の位置を把握する」「物事をなす骨の働きを熟知する」といった言葉に置き換えることができる。あるいは「骨に体の動きを

覚えさせること」という意味にも繋がるかもしれない。

実際、一流の板前が魚をさばくのに見事な腕前を見せるのは、その骨の位置をしっかり把握しているからである。まさに「コツをつかんだ」包丁さばきということになるだろう。

本書で展開する古武術的身体操作のスポーツパフォーマンスへの応用は、この「コツをつかむ」ことを母体としている。

難解な説明は省くが、図1を見ていただきたい。骨盤と言われる骨組みが、一つの塊、つまり一枚骨だと思い込んでいた読者も多いかもしれない。しかし、解剖学的に言えば、それは正確ではない。図を見ても分かるように、骨盤とは主に仙骨《せんこつ》と対《つい》になった腸骨《ちょうこつ》との総称である。したがって、二つの腸骨と仙骨が骨盤を形成していることになる。しかも、この三つの骨片は本質的にそれぞれが分離した状態にある。

上半身に目を移すと、肩甲骨《けんこうこつ》も同じである。これも、肩関節や鎖骨《さこつ》、背骨など他の骨格と繋がっているわけではない。肋骨《ろっこつ》に引っかかるような形で、腱や筋によって肋骨の上に漂っている骨片である。つまり、肩甲骨もまた、肩関節や背骨から分離した存在であり、三つの骨片で形成される骨盤と同じように、独自の動きが可能な部位ということになる。

本書は肉体を形成するこの「コツ（骨）」の働きを把握することによって、いかに体を効

〈図1　骨盤と肩甲骨〉

[骨　盤]

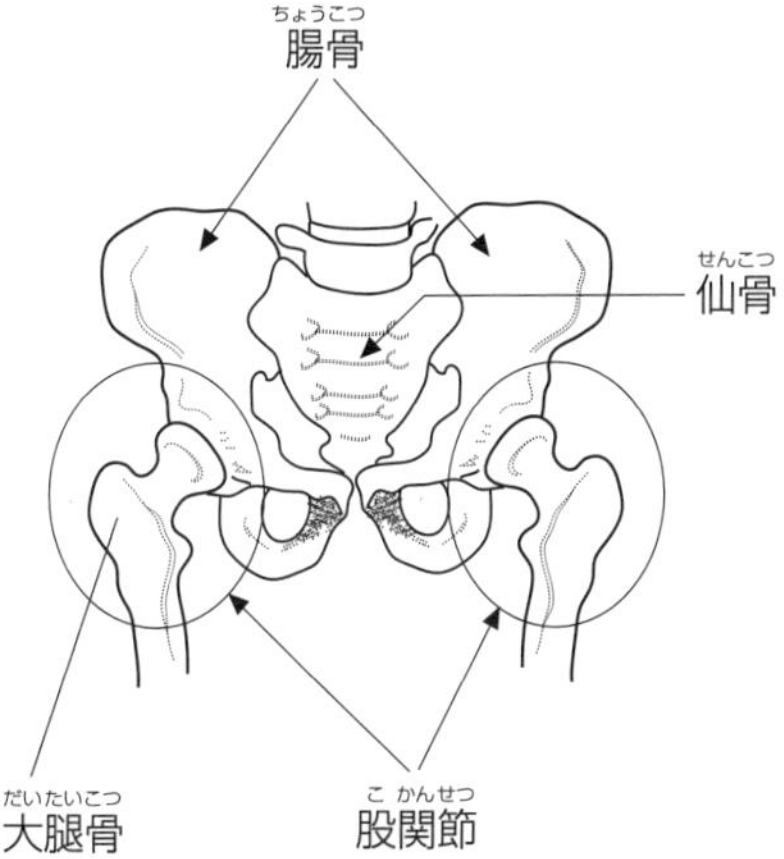

[肩甲骨周辺（腕を上げた状態）]

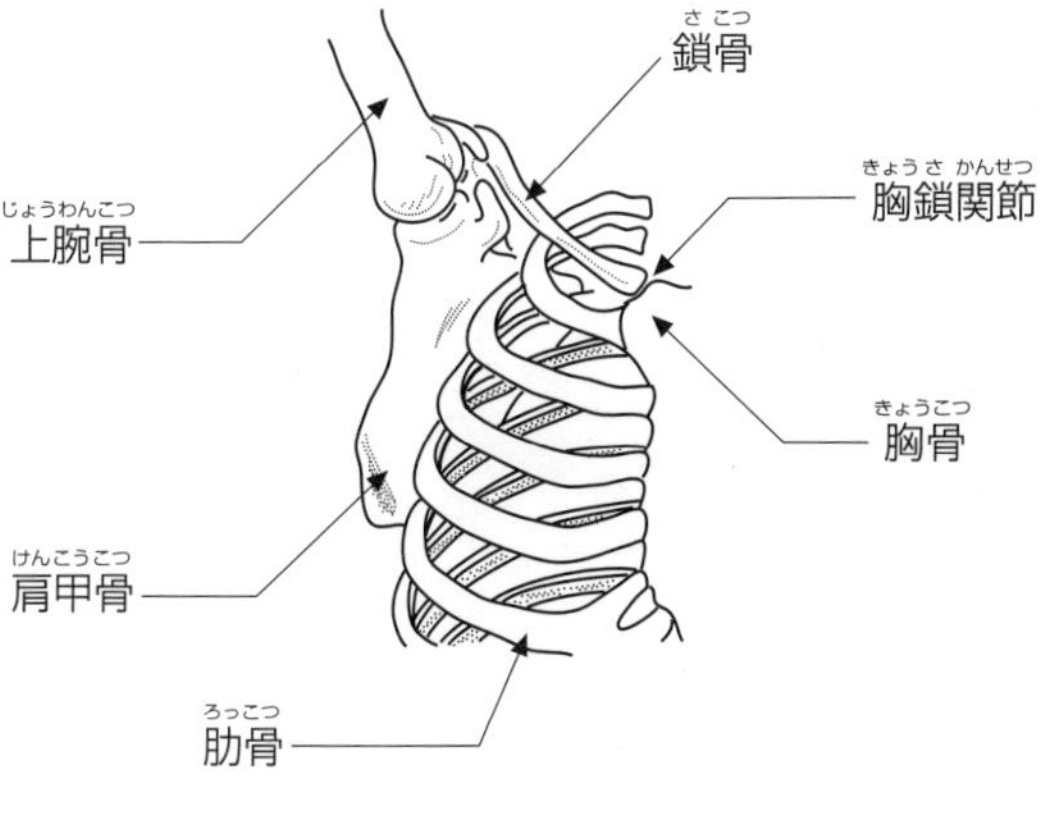

率よく操作し、より高度なパフォーマンスに結びつけるかという、方法論の数々を紹介したものである。筋力に頼らない身体運用の数々と言い換えてもいいかもしれない。

筋力への依存はときに、一カ所に過剰な負荷をかけてしまい、故障の原因にもなる。また、相手に次の動作を読まれるという欠点を露呈させる一因にもなりうる。あくまでも「コツ（骨）」が主役である。いわば、骨の動きに筋肉をついていかせるという発想こそが、重要になってくるだろう。

では、これら人体の骨片の働きや特徴が、どんなパフォーマンスを可能にさせてくれるのか。以下、文中からその「コツ」をつかんでいただきたい。

振りかぶって投げるのは自然な動作ではない？

「投げるときは胸を張れ」

野球指導者が投球動作の基本としてよく口にするアドバイスである。写真1を見ていただきたい。プロ野球で活躍中の西武ライオンズ・松坂大輔の正面から見た投球フォーム。写真2は槍投げの元世界王者ヤン・ゼレズニーのフォームである。いずれの特徴も胸を大きく張って、利き腕が背中の後ろに残っていることだろう。

写真1　正面から見た松坂大輔のフォーム。大きく胸が張られ、腕が背中に隠れている

写真2　ヤン・ゼレズニー。同じく胸が張られ、腕が背面に残っている

このフォームが良しとされるのは、腕の長さを最大限に利用した「投げ」ができることにある。特に松坂のフォームに関しては、背面に隠れていた腕が出てくることで、打者がタイミングを計りづらいという利点もある。

しかし、それを説明する前に、「通常の投げ方」について簡単に触れる必要がある。

まず、野球未経験者の投げ方である（25ページ上）。この特徴は、体が正面を向いていることである。さらに腕をスイングさせることなく、肘を支点として投げていることだろう。

指導者が最初に行なうのは、体勢を半身にさせた上で、この支点を肩へと移し変えることである。つまり、肩の回旋運動（テイクバック）を加えることによって、そのエネルギーを肘へと移行させ、続いて手首、指先へと伝達させる投げ方である（25ページ下）。ムチがしなるように力が伝わっていく――。これが、従来の「正しい投げ方」ということになる。

もっとも、「正しい投げ方」をしているにもかかわらず、投手にはつねに肩や肘の故障が付いて回る。肩や肘を〝消耗品〟と考えれば、登板過多が故障を誘発するのは、確かに避けられるものではないだろう。

だが、諦めるのはまだ早い。故障に見舞われにくく、なおかつ威力のある「投げ」を可能にする方法を次に紹介する。

〈野球未経験者の「投げ」〉

体を正面に向け、腕をバックスイングさせない、肘を支点とした「投げ」

①

②

〈経験者の「投げ」〉

ムチがしなるように指先へ力が伝わる「投げ」

①

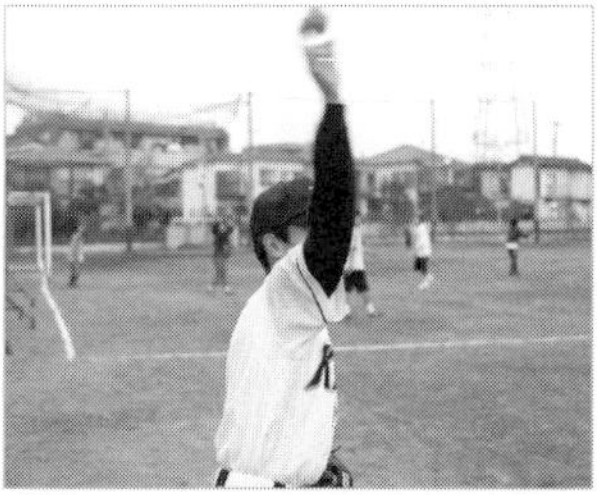

②

③

体幹部から投げる感覚

古武術研究家の甲野善紀氏がよく披露する術に「浪之下《なみのした》」というものがある。自分の片腕を両手でつかんできた相手を床に潰すという技だが、これは「細かく割った」肉体の各部位を瞬時に沈ませることで可能になるという。

「細かく割る」とは、体を各々分離、独立させて使うことである。それは「支点を固定化」しないという意味にも繋がる。言葉を変えれば、「複数の支点を作る」ことであり、その複数の支点を同時に作用させるということになるだろう。

頭では何となく理解できても、体験的には理解困難な術理（原理）かもしれない。だが、こう考えてはどうか。

肉体イコール体幹部。体幹部イコール肋骨という捉え方である。私たちの解釈によると、「体を割る」ときに主要な役割を果たすのが、肋骨ということになる。肋骨を瞬時に潰し、体を沈ませることで、体幹部からの〝遊び〟のないエネルギーを得る。ここで言う〝遊び〟には、車のハンドルの〝遊び〟と同じ意味がある。ハンドルに〝遊び〟がないと、タイヤに方向転換のエネルギーが瞬時に伝わる。「肋骨を潰し、体を沈ませる」とは、この〝遊び〟

をなくすための身体運用の一つであり、これが甲野氏の「浪之下」に最も近い感覚かもしれない。

「投げる」動作においても、鍵となるのがこの肋骨の動きである。肋骨を腕の付け根、あるいは肩関節として捉えることで、体幹部から「投げる」動作を開始するというアプローチである。これによって、肩に支点としての主役をさせることなく、肩や肘の故障も大幅に回避できるはずである。

詳しくは後述するが、体幹部を肩関節として「投げる」ということは、腕を長く使う感覚にも繋がる。〝腕〟の運動半径が大きくなり、その分だけ指先までの連動エネルギーを増幅させることができる、というとらえ方である。

実際、体幹を肩関節、腕の付け根と見なすというこの考えは、解剖学的にも理に適《かな》ったものである。実は腕は肩からついているのではない。腕がついているのはさらに肉体の奥、すなわち鎖骨と胸骨の間にある胸鎖関節《きょうさかんせつ》からだという。

では、体幹部から「投げる」感覚を得るためには、どうしたらいいのか。これは一にも二にも肋骨を器用に使うことが不可欠になる（28ページ）。具体的な方法としては、29ページのような肋骨を意識的に変形させるストレッチが有効だろう。

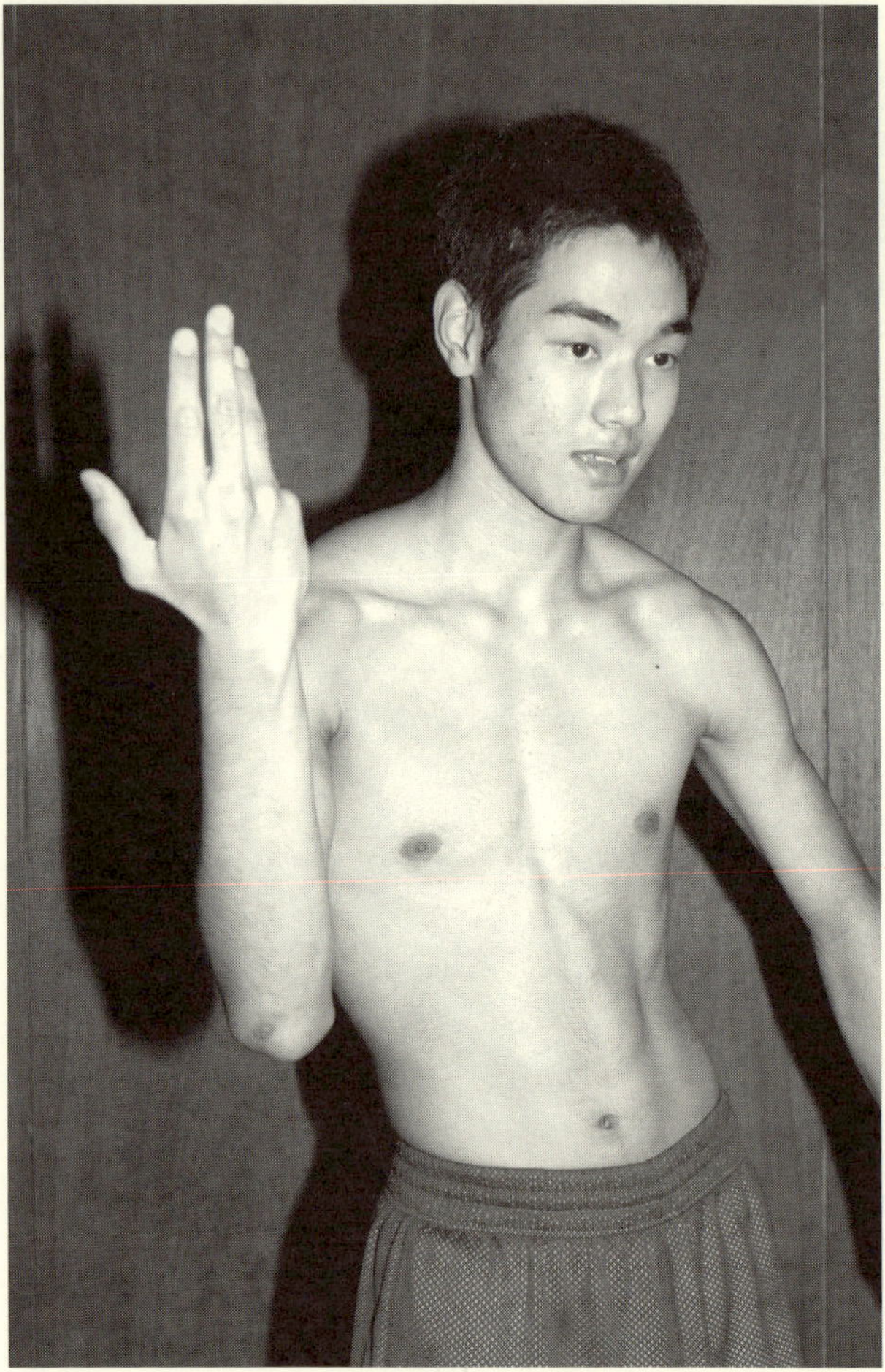

肋骨を変形させた状態

〈肋骨ストレッチ〉

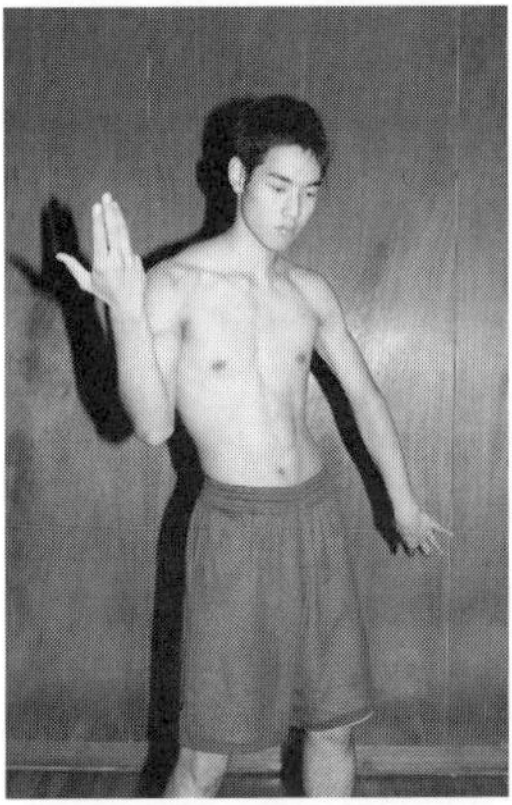
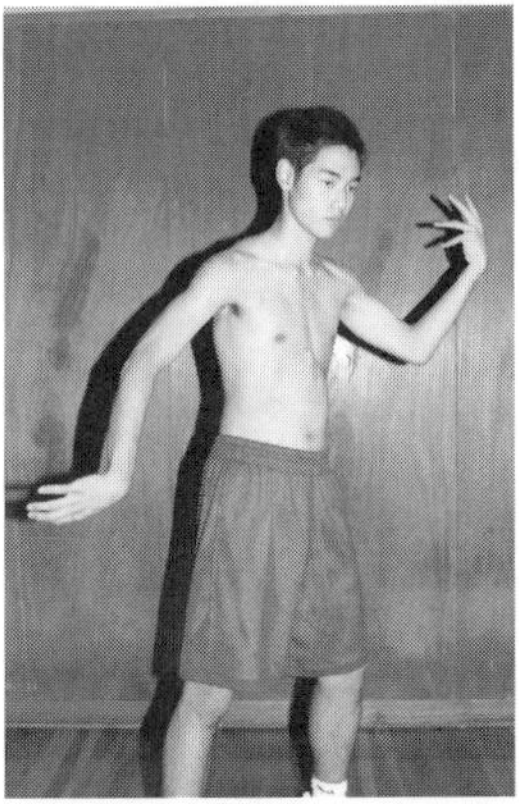

体を捻るのではなく、あくまでも肋骨を平行四辺形に変形させる。後述する「井桁崩し」にも通じるストレッチだ

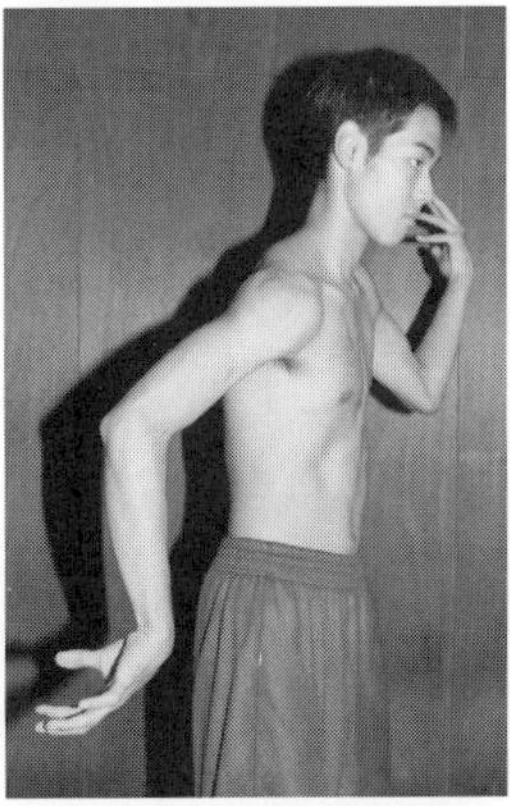
（横）

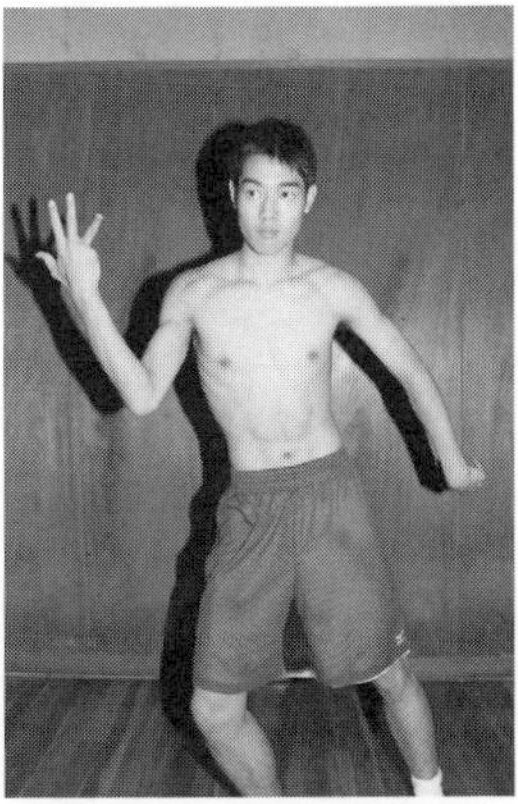
（正面）

横と正面から見たところ。体は捻られていないことが分かる

肩甲骨を自在に操る

話は「胸を張って投げる」という投球動作に戻る。これに対しても、体幹部すなわち肋骨への意識付けが重要であることは言うまでもない。ただし、「胸を張る」ためには、もう一つの骨の働きを加味しなければならないだろう。

肩甲骨の働きが、それである。

古武術の身体操作を取り入れた桐朋高校バスケット部では、部員の一部が肩甲骨と上腕《じょうわん》骨《こつ》を分離させることに成功した（31ページ）。肩甲骨と上腕骨を独立させて動かすという身体の運用である。

これによって、同バスケット部では肩甲骨の押し出しだけで、腕の反動のないロングパスを可能にした（32ページ）。腕の反動がないということは、予備動作がないということである。ディフェンダーのチャージも回避でき、後述する「桐朋流ナンバ走り」同様、これが桐朋バスケット部の〝武器〟となった。

実は野球や投擲《とうてき》競技などにおいても、この肩甲骨と上腕骨の分離感覚は重要である。

そのための方法論が、肩甲骨の柔軟性。つまり、可動域の拡大である。先に書いたように、

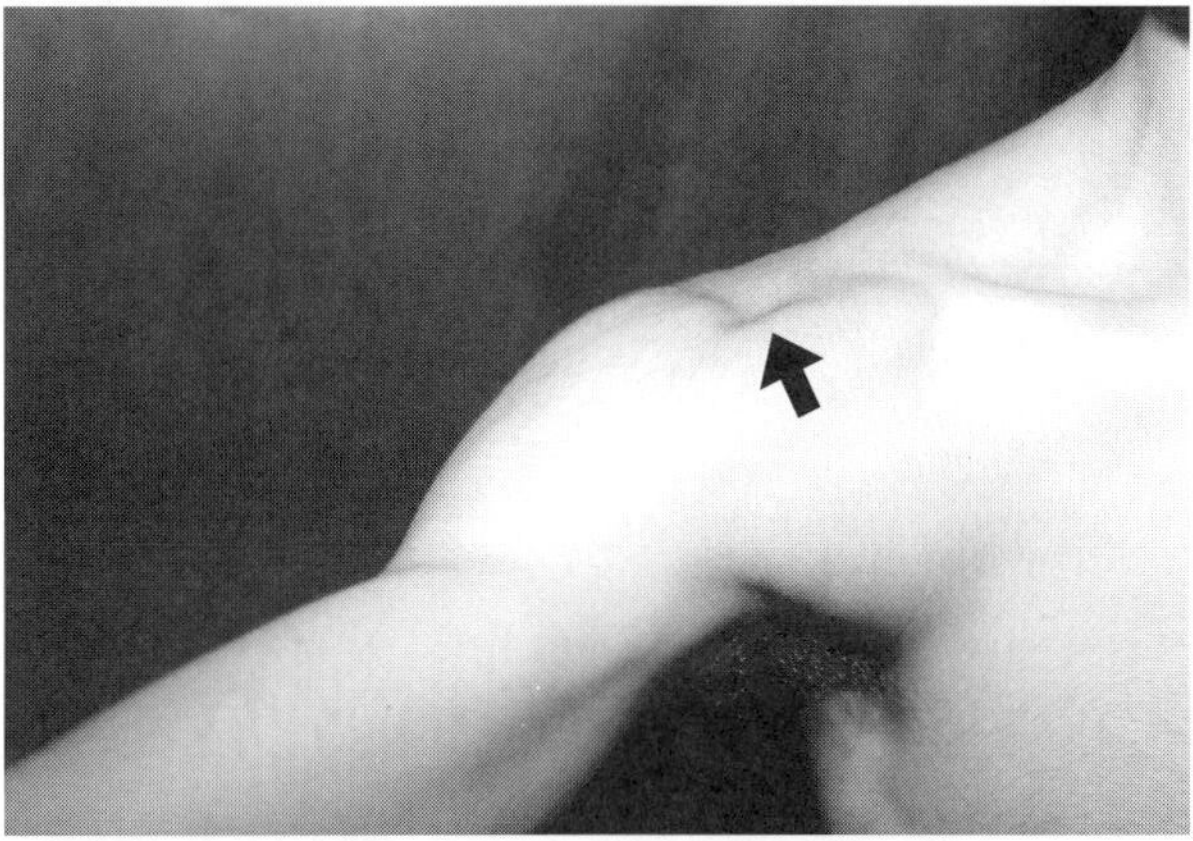

肩甲骨と上腕骨が分離した状態。矢印の示す窪みが、分離を表している

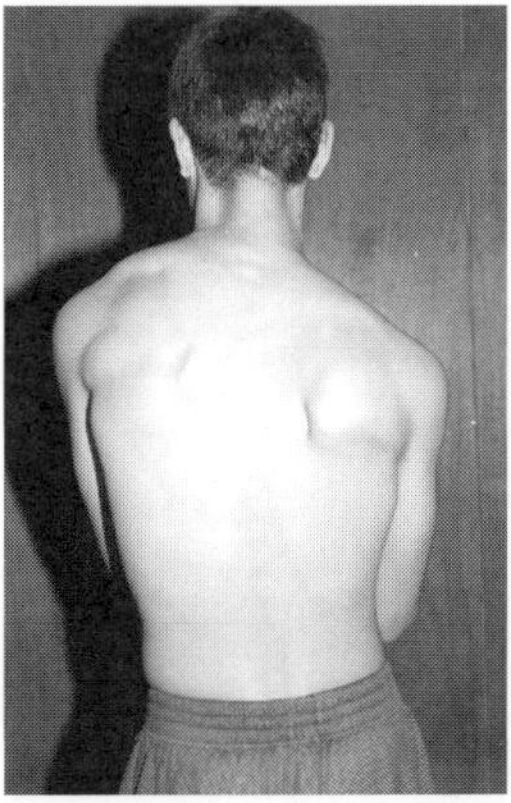

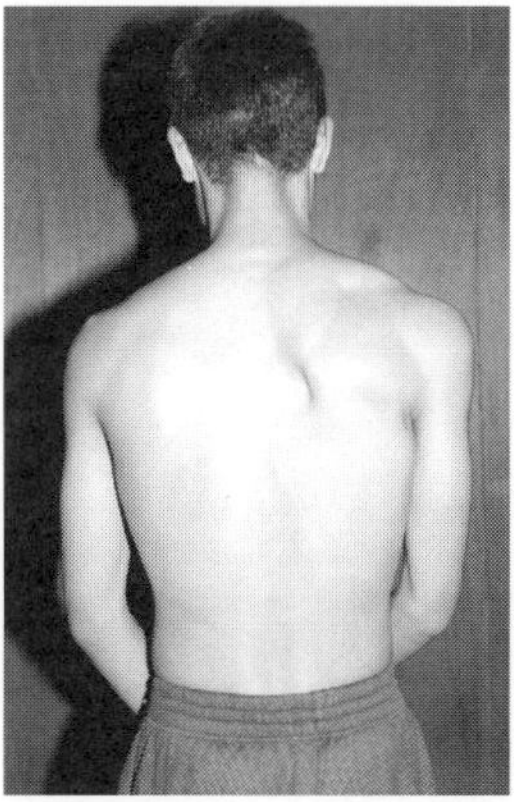

柔軟性を増し可動域が広くなった肩甲骨。いわゆる「分離」「独立」した状態である。モデルになってくれた桐朋高校の喜田君は、後ほど紹介する肩甲骨ストレッチを1カ月続けて、このような動きが可能になったという

〈桐朋流パス〉

（横）

（後）

この写真の状態から、肩甲骨の押し出しで素早いパスを投げる。腕を振りかぶる動作（予備動作）がないので、相手はパスのタイミングが読めない

〈通常のパス〉

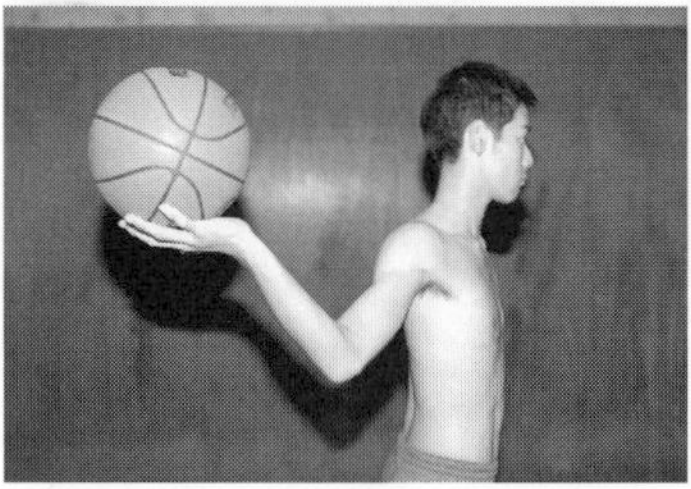

（横）

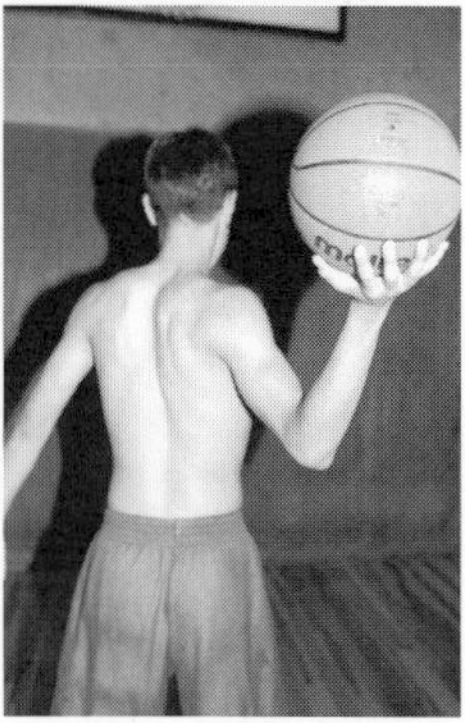

（後）

大きく振りかぶり、肩の筋肉を目一杯使ったパス。予備動作が大きいので、タイミングが読みやすい

肩甲骨は他の骨格と直接的に繋がっているわけでなく、腱や筋肉を媒体として繋がっている。いわば、肋骨の上を漂っている格好で、トレーニングによって肩甲骨の可動域が広がるという特徴を有している。

「胸を張る」ということは、とどのつまり肩甲骨が背中の中心部に寄ることに他ならない。また、それによって前述した体幹部からの動作が実感され、腕の長さを最大限に利用した威力ある「投げ」が可能になるのである。また、投手なら腕が背中に隠れ、いわゆる「球の出どころが分かりにくい」投球術も可能になるだろう。

ここで注意したいのは、肩甲骨を背中の中央に寄せるために、肩を後ろに引くという動作を加えないことである。そうすると、余分な力みが肩周辺に生じ、肩に主役をさせるという弊害を生み出す。

そういう意味で、テイクバック時には、あくまでも肩甲骨を寄せるという意識付けが必要になるだろう。その結果として肘と腕が後方についてくる。これが、テイクバックの体勢を無理なくとるという意味である。

以上の体の運用法は野球や槍投げだけでなく、円盤投げ、砲丸投げ、ハンドボール、水泳など、多くのスポーツに応用可能だということも付け加えておく。

2、実は体を捻っていないトルネード投法

「捻る」のではなく「折り畳む」

甲野氏の提唱する身体操作は、「捻《ひね》らず」「うねらず」「踏ん張らず」などを原則としている。いずれも従来の運動理論とは逆だが、確かに一流と言われるアスリートほどこの原則にあてはまる動きが多いように思われる。

ハンマー投げの室伏広治。世界選手権で二大会連続のメダル獲得を成し遂げた彼の投擲動作の特徴は、左右の足の入れ替えによって、体幹部を捻らず（うねらず）体の面ごと回転させるというものである（写真3）。

ドジャース・野茂英雄の投球フォームも同じである。〝トルネード投法〟という名前から、あたかも「うねり系」の印象を受けるが、回旋させているのは股関節《こかんせつ》のみで、臀部《でんぶ》から背中にかけては、ホームベース方向を向いている（写真4）。少なくとも腹部の捻りはない。

写真5は通算三一〇勝をマークしたメジャー屈指の豪腕投手、ロジャー・クレメンスの投球終了直後のスタイルである。彼もまた、投球動作の過程で体をうねらせることなく、上体

を「折り畳む」ようにフィニッシュしているのが特徴である。この折り畳みフィニッシュに関しては、七度のノーヒットノーランを達成したノーラン・ライアンにも顕著に見られた。38〜39ページは提灯《ちょうちん》の伸縮をイメージしたトレーニングである。鼠蹊部《そけいぶ》（股《もも》の付け根）を折り畳むように体を沈め、また広げるように起き上がる。同じ側の膝とつま先が常に同じ方向にあり、肉体のどの部位にも捻じりが生じていない。

クレメンスやライアンの独特な投球フィニッシュは、この股関節周辺を中心とした「折り畳み」によって可能になる。野茂のトルネードも同様である。背中をホームベースに向けたとき、上体がやや後方に倒れているが、これも右の鼠蹊部が折れ曲がることからくるスタイルである。

この鼠蹊部からの「折り畳み」動作には、まず故障の予防という効果がある。また、ゴルフや野球などのスイングパフォーマンスを容易にするだけでなく、ラグビー、サッカーなどで見られる切り返し運動にも効力を発揮するだろう。

後述する「打つ」「殴る」「ターンする」などの項でも、鼠蹊部の柔軟性という要素を加味して、読み進めてもらいたい。

写真3　室伏広治。体を面ごと回転させる投擲動作

写真4　野茂英雄。〝トルネード〟の名とは裏腹に体幹部に捻りは見られない

写真5　ロジャー・クレメンス。上体を折り畳んだフィニッシュ

写真6　野茂のリリース直後の右手（写真右端）は掌が上を向いている

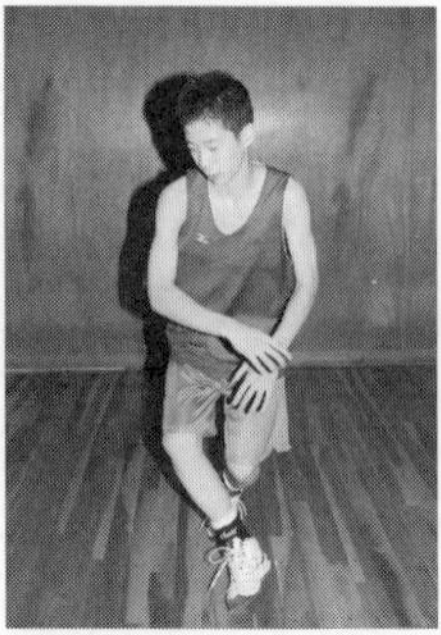

③

④

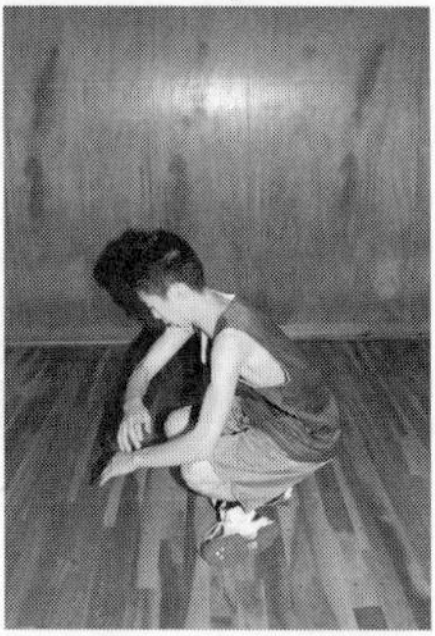

⑤

⑥

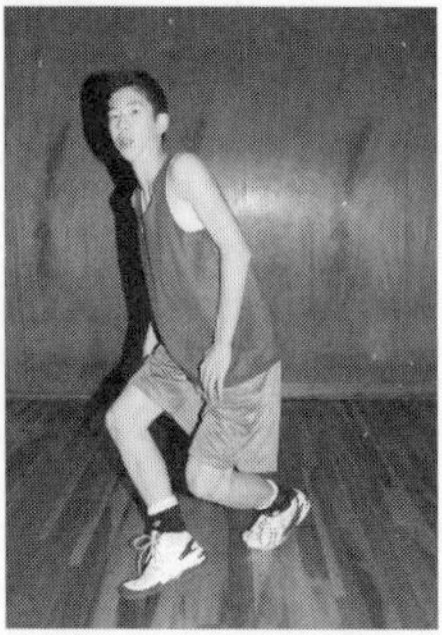

⑪

⑫

〈「折り畳み」の練習（提灯）〉

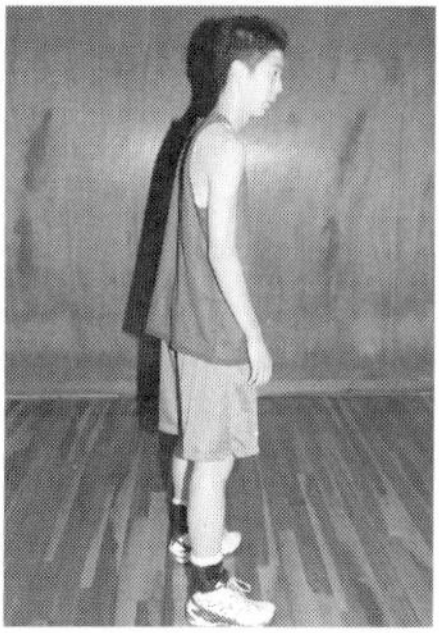

①

②

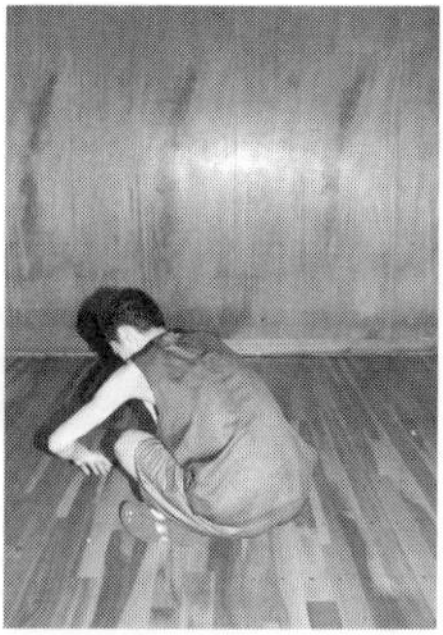

⑦

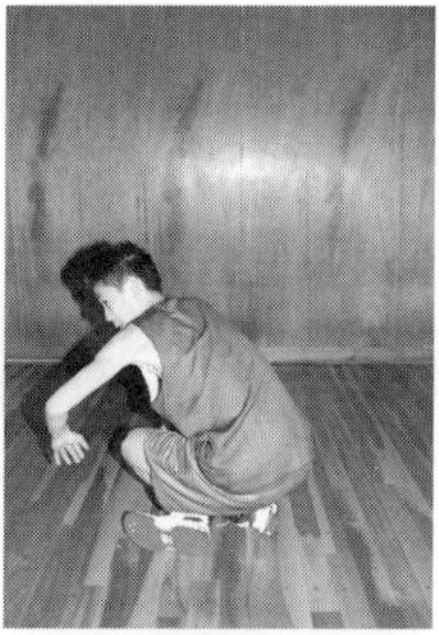

⑧

⑨

⑩

「分離」によるメリット

一方、写真6の野茂のリリース直後の右の手に注目してみる。掌《てのひら》が上を向いているのが分かるだろう。これは、前述の肩の「分離」「独立」感覚によって可能になる。古武術では〝割れる〟という表現を使うが、「上腕と肩を独立させて、別々に使う」と言い換えてもいいかもしれない。

では、肩を分離、あるいは独立させるとどんな利点が生まれるのか。

一つは腕を長く使えることにある。試しにテーブルの上で両腕を広げていただきたい。41ページ上の写真は普通に伸ばしたものである。中央の写真も同じように両腕を広げたものだが、上よりも腕が長く見えることに気がつくだろう。

実際、腕は長くなっているのである。理由は腕を広げた際、肩を落としている（沈めている）からだが、これによって肩の分離感覚が促進され、その分だけ腕が長くなる。つまり、投球においては腕が長くなることで、ボールにいっそうの速度を加えることができるという結論に達するだろう。

もう一つの利点は、体幹部からの力の発揮を可能にすることである。

たとえば、重たい荷物を片手でぶら下げると、当然ながら肩には疲労が蓄積される。肩を

腕の長さの比較

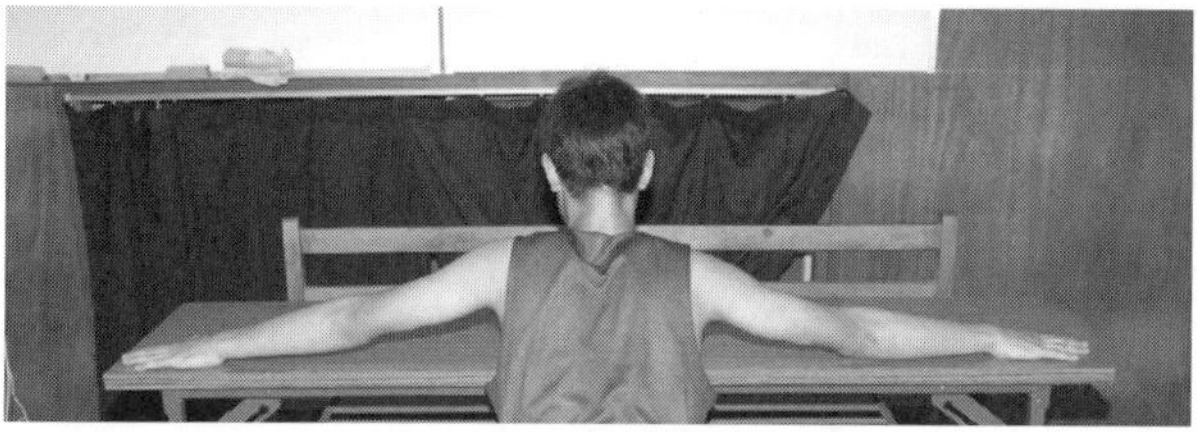

普通の状態

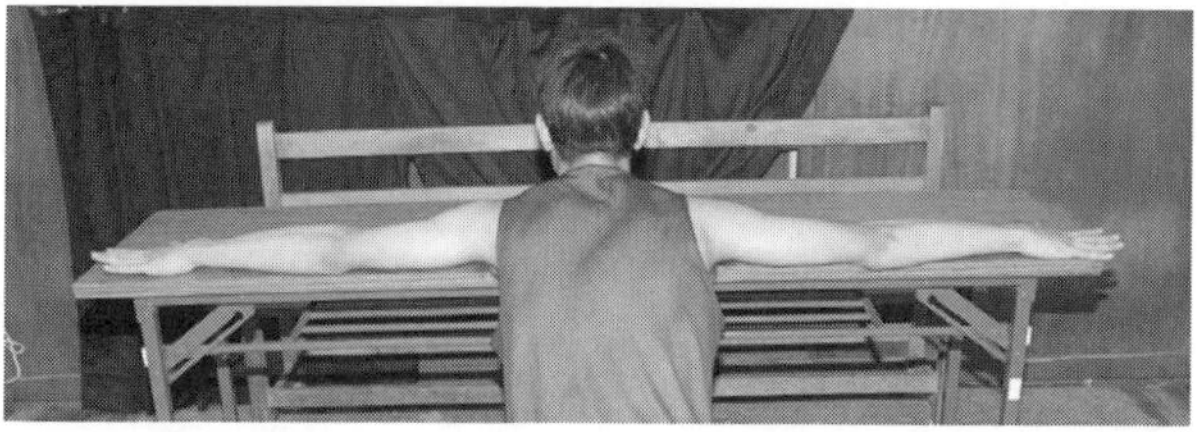

肩を分離させた状態

分離感覚を体験する

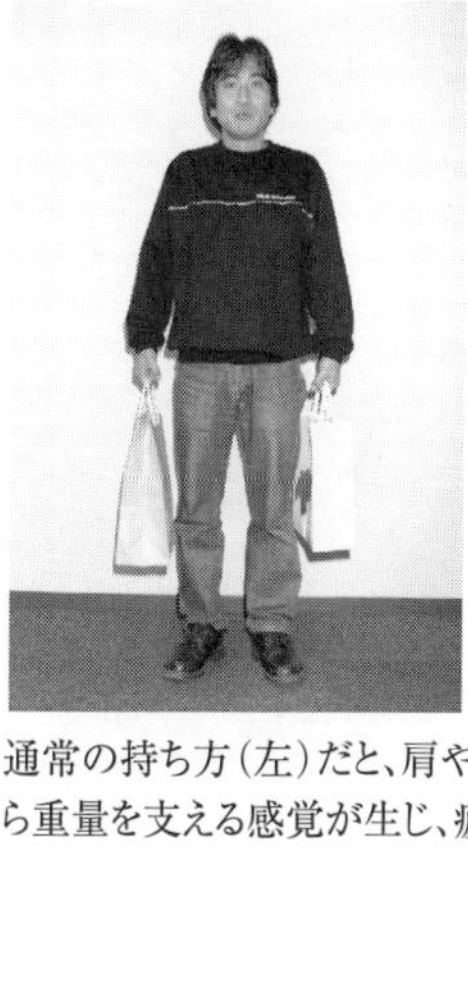

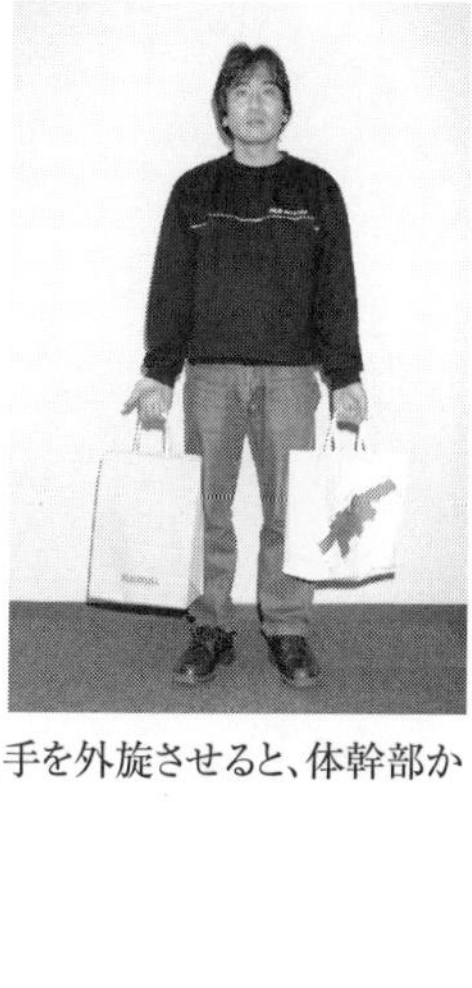

通常の持ち方（左）だと、肩や腕が疲れるが、手を外旋させると、体幹部から重量を支える感覚が生じ、疲れが少ない

主役として負荷を与えているためだが、それでは、荷物を持つ手を外旋させて伸ばすとどうなるか。

体幹部から重量を支えている感覚があり、腕にはそれほど負荷がかかっていないはずだ。これも、肩の「分離」と無縁ではない。つまるところ、手を回旋させることによって肩の「分離」が促され、体幹部から負荷を支えるという感覚を生み出しているのである（41ページ下）。

この肩の分離、独立は、「投げる」という動作以外に、「魅せる」「殴る」というパフォーマンスにも有効に働く。

「魅せる」という要素に関して言えば、日本のエアロビクスダンサーはかなり前から胸鎖関節を肩関節と見なしたトレーニングを積んでいるという。腕を長く見せることで、諸外国との体格的ハンディを克服するという発想である。

シドニー五輪のシンクロチームは「演技がダイナミックになった」という評価を得て、銀メダルを獲得した（写真7）。このダイナミックな演技の秘密が、肩甲骨の可動域に対する意識付けに加え、「肩の分離」にあったとされている。つまり、腕を長く使ったことで、演技がダイナミックになったのである。

ボクシングでは「拳を内側に捻り込むようにして打つべし」と、よく言われる。劇画『あしたのジョー』でも、丹下段平が矢吹丈にボクシングの初歩段階として教えていた。

これは、パンチの威力が増すという理由で指導されるのだが、実は拳を捻り込むことで、肩の「分離」も促されているのである。それによって、腕が瞬間的に長くなり、パンチのスピードが加速され、インパクトの衝撃がそれだけ大きくなる。さらに、捻り込むことで、上腕の筋肉線維のラインが真っ直ぐに伸び、力をよりダイレクトに拳に乗せることができるという利点もある。

写真8は元WBC世界フライ級王者ユーリ・アルバチャコフが右ストレートを放ったときのものである。右拳が完全に捻り込まれ、「肩の分離」を物語るように右肩に窪みができている。軽量級にありながら、ユーリのKO率は七〇パーセントにも上る。その理由は背筋力とパンチを繰り出すタイミングの良さにあると言われてきた。しかし、写真を見るように、「肩の分離」という身体操作にも、KOを生む理由の一端があったのである。

怒り肩がなで肩に

肩の分離、独立を促すトレーニングとしては、肩甲骨を柔軟にし、可動域を広げるストレッチが有効である（46〜47ページ）。48〜51ページのように、掌に乗せたボールを落とさないようにして、体の側面で回すというトレーニングも効果的だろう（太極拳における「単《たん》鞭《べん》」「双鞭《そうべん》」と同じ）。それによって、肩が分離、独立していく感覚が、徐々に分かっていくはずである。

この「分離感覚」を完全にマスターすると、「怒り肩」の人が「なで肩」になってしまう。

本書執筆人の一人である矢野は、ゴルフ歴二〇年のベテランである。スコアは八〇を切ったことがあり、大学でもゴルフの授業を持っている。

だが、あるとき、ショットがまるで駄目になってしまった。いくらスイングを繰り返しても、クラブはボールの下のほうを叩く。ダフったボールはあらぬ方向へと舞い上がり、もはやゴルファー以前の存在に成り下がった。

矢野は悩んだ。悩んだ末に、ある一つの身体的変化に気がついた。驚いたことに、わずかだが、以前よりも両腕が長くなっていたのである。

〝犯人〟は肩の分離、独立だった。古武術的な動作を身に付けていくうちに、知らず知らず肩が「割れ」、腕そのものが「伸びてしまった」のだという。つまり、その腕の長さの差に気付かなかったことが、ゴルフショットの乱れを生み出していたのである。

写真7　銀メダルを獲得した、シドニー五輪の日本シンクロチーム。演技がダイナミックになった秘密は……

写真8　ユーリ・アルバチャコフの右ストレート。右拳が逆を向き、右肩に窪みができている

〈壁を使った同じストレッチ〉

肩甲骨を背中の中央に寄せる

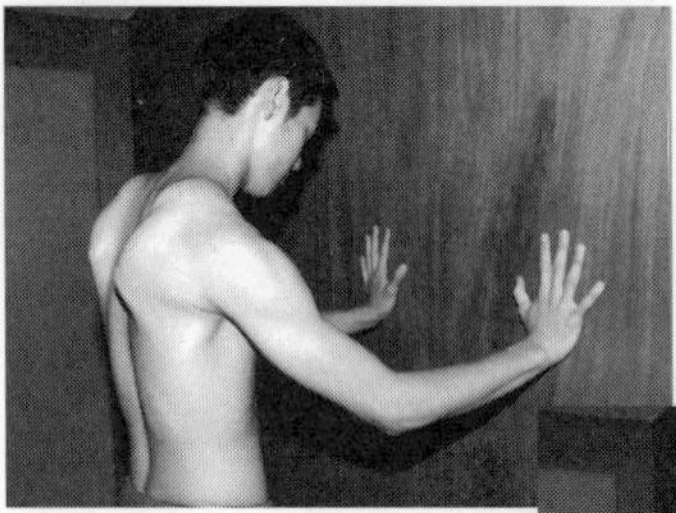

肩甲骨を左右に広げる

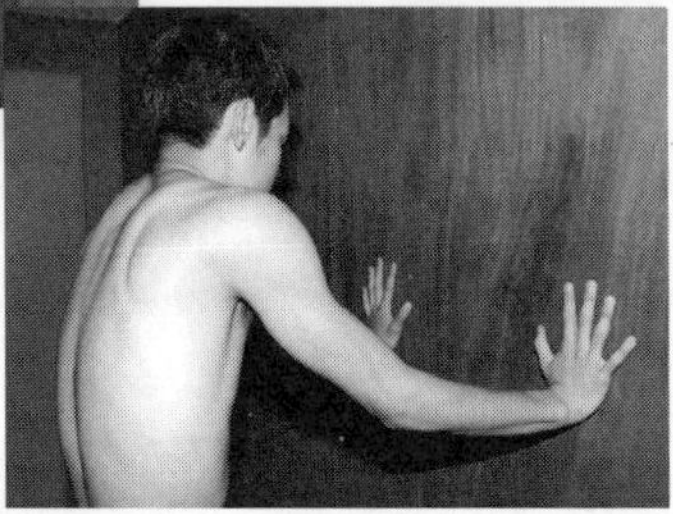

〈こういうストレッチも効果的〉

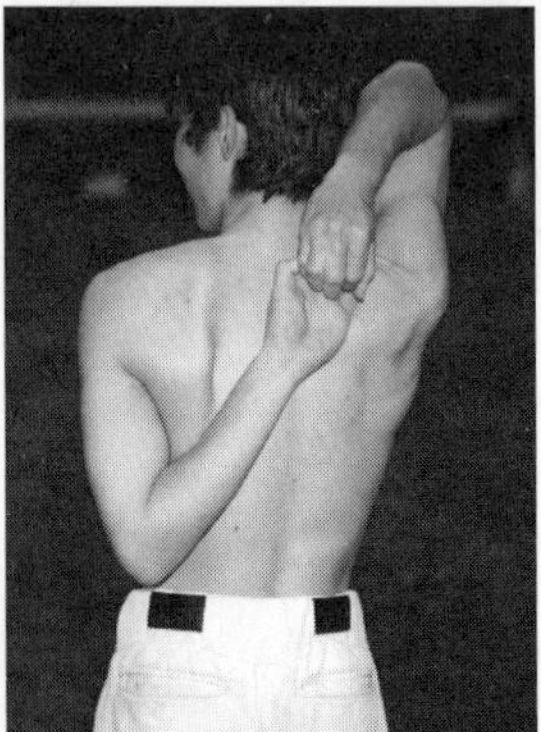

〈肩甲骨の可動域を広げるストレッチ〉

肩甲骨を背中の中央に寄せる

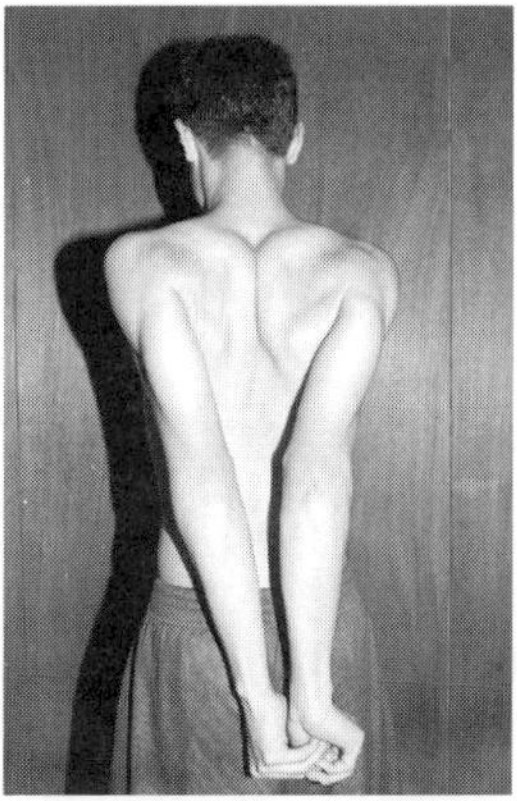

（後）

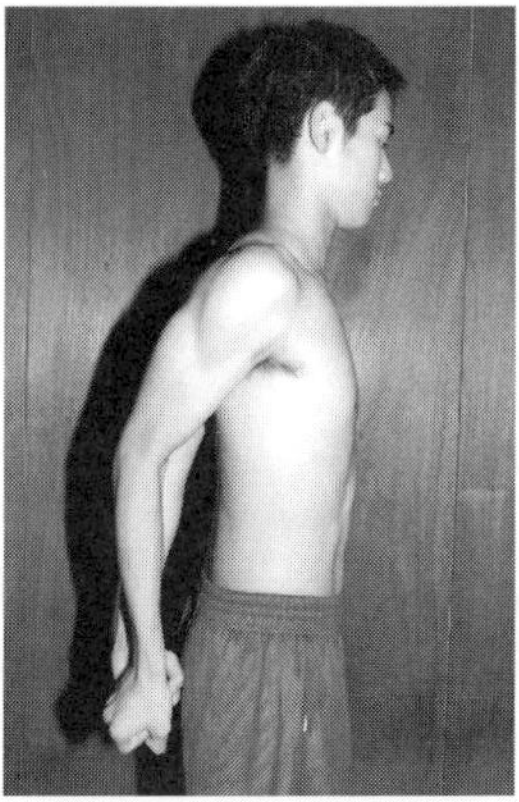

（横）

肩甲骨を左右に広げる

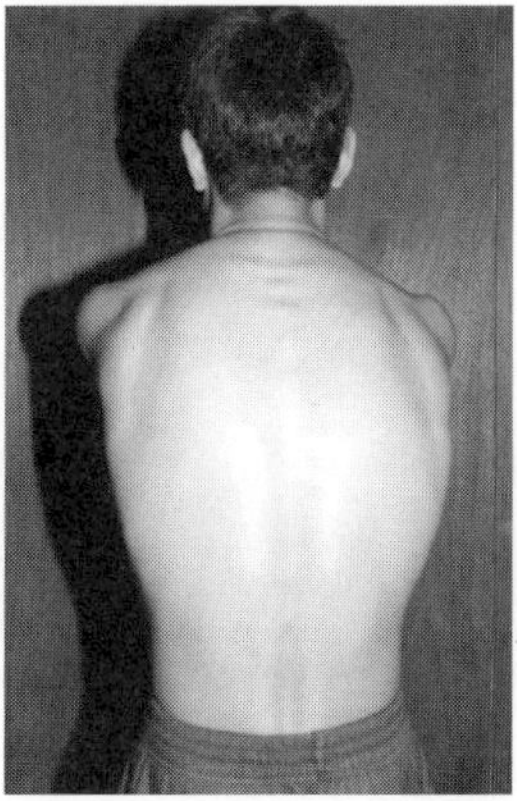

（後）

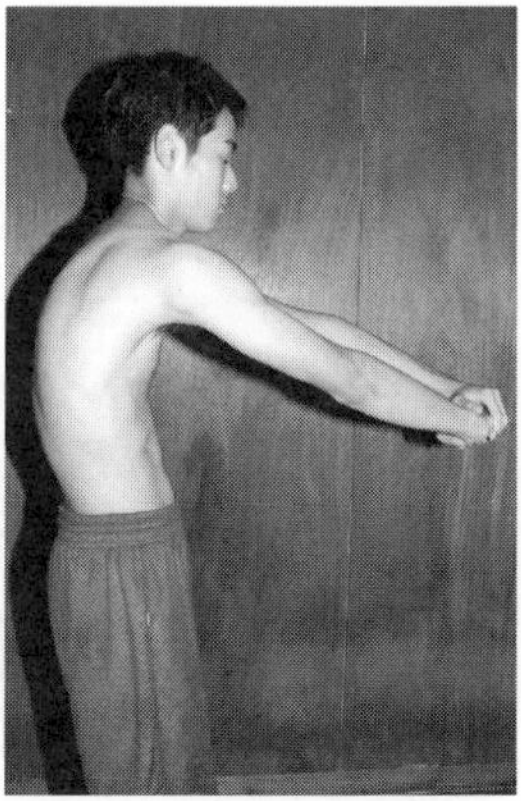

（横）

③

④

⑤

⑥

〈肩甲骨の可動域を広げるトレーニング（ボール１個の場合）〉

勢いでボールを回すのではなく、ゆっくりスローモーションのように回す

①

②

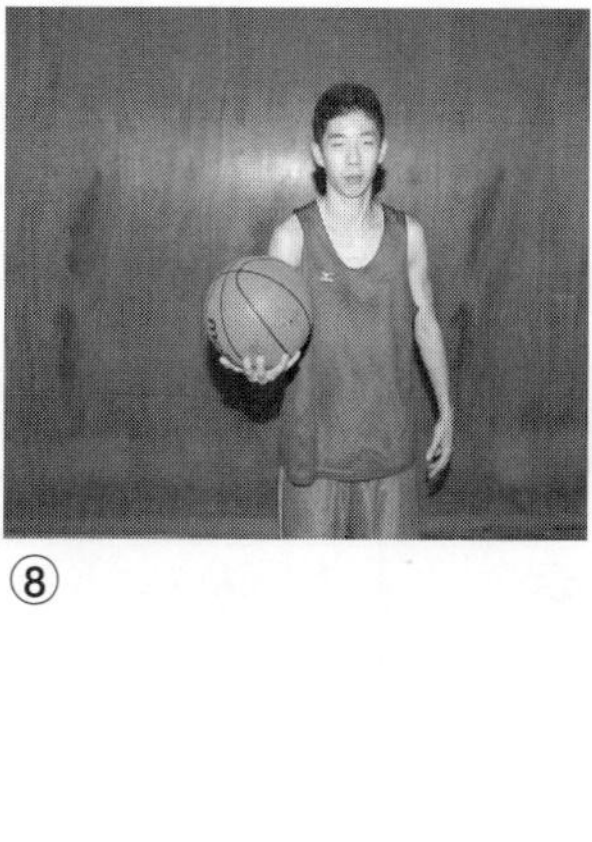

⑧

⑦

③

④

⑤

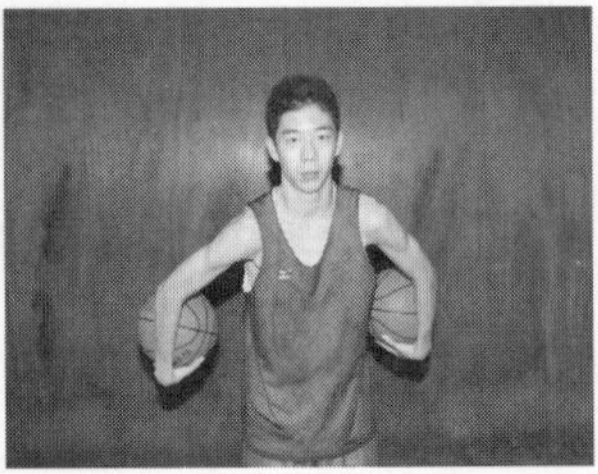
⑥

〈肩甲骨の可動域を広げるトレーニング（ボール２個の場合）〉

勢いをつけて回すのではなく、ゆっくり回す

①

②

⑧

⑦

第二章　走る

1、体を捻らず、無駄なエネルギーを使わない「ナンバ走り」

「手足を同時に出す」を意識しすぎない

「股《もも》を高く上げて、地面を強く蹴り、腕を大きく振る」――。これが長きにわたって「速く走るため」に必要とされてきた重大要素である。

「股を高く上げて、地面を強く蹴る」とは、地面からの反力を得る有効な動作として理解されてきた。したがって反力を受けにくい「扁平足」の持ち主は、速く走る能力がないと断定的に言われてきたところがある。

だが、果たしてそうなのか。短距離界の第一人者・末續慎吾は、立派な「扁平足」の持ち主である。マリナーズのイチローもまた、「扁平足」。末續は世界陸上のメダリスト、イチローはメジャーの盗塁王（二〇〇〇年）である。

一方で、相撲には「摺《す》り足」と呼ばれる稽古がある（写真9）。重心を落とし、右足と右手、左足と左手を同時に出しながら、文字通り地面を摺るように歩く伝統的な稽古である。

この「摺り足」が走力と深い関係があると言ったら、意外に思う読者もいるかもしれない。力士と走力が結びつきにくいだけに、「摺り足」が速く走るためのヒントになるとは、確かに考えにくいだろう。

「摺り足」は、前述のように同じ側の手足を同時に出しながら前へと進む動きである。それに対して、我々は左右の足と左右の腕を互いに逆方向に捻りながら出す、いわゆる上肢、下肢の左右交互型（捻じり戻し）の走りや歩きを常としてきた。これは「摺り足」と対立する走歩行と言えるだろう。

だが、かつての日本には、「摺り足」を彷彿《ほうふつ》させるような走りや歩きが存在していた。「ナンバ走り（歩き）」が、それである。江戸時代の飛脚《ひきゃく》は一日二〇〇キロも走ったという。交代によって江戸〜京都間約五〇〇キロをわずか七〇時間で走破したという記録も残っているが、彼らの走法が「ナンバ」と言われるものである。

「ナンバ走り（歩き）」の基本的な概念とは、同じ側の手足を一緒に出すという動作である。

写真9　相撲の「摺り足」稽古（写真は武蔵丸関）

写真10　ズボンに両手を突っ込んで歩く

写真11　両手に荷物をぶら下げて歩く。肩にかけてもいい

その際、重心を低く保ちながら、滑るように足を運ばなければならない。

だが、「左右の手足を同時に出す」というこのナンバ的走法を額面通りに行なうと、左右の慣性力に抗しきれず、体が回転して走歩行が困難になってしまうだろう。

「ナンバ」研究の第一人者だった歌舞伎演出家の武智《たけち》鉄二《てつじ》は、「右足が前に出るときに右肩が出る。左足が前に出るときに左肩が前に出る」と、その方法論を述べており、従来の「一方の両手足を同時に出す」という形態には言及していない。つまり、体幹部の捻じれを極力抑えるというのが、ここではポイントになってくる。

武術研究家の甲野善紀氏も「一方の手足を同時に出すことをあまり意識してはいけない」とした上で、「ナンバ走り（歩き）」の有効性をこう説明している。

「ナンバ走りには体幹の捻じれがなく、走るための全体の流れをスムーズにできるという利点がある。見た目には腕を振っていないが、体の中で振っているという感じですね。一方、左右交互型の走りになると、体の中に捻じれが生じ、それがまた全体の流れの中にブレーキをかけることになる。腕を振ることで、止まる瞬間を作ってしまうわけです。そういう意味で、ナンバ走りは体の動きを止めない走りということになり、スタミナの省エネにも繋がるわけです」

「体の中で腕を振る」という感覚とは、いわば「慣性力を制御する」ための身体操作とも言えるだろう。

試しにズボンに両手を突っ込んで歩いてもらいたい。あるいは、両手に荷物をぶら下げて歩いてもいい（写真10、11）。慣性力が制御され、バランス的にも違和感がないはずだ。

これは肩の部分が足と交差するように動いているためである。つまり、肩部分のわずかな動きが、全身のバランスをとっていることになる。

そういう意味で、左右交差型の走歩行を常としている私たちも、過去の時代の産物とも言うべき「ナンバ的走歩行」を、状況に応じて知らず知らずに使っているのである。

日本の伝統的動作

「ナンバ」の語源には諸説ある。大阪の「難波」からきたという説もあれば、「南蛮」渡来が由来だとする説もある。

中でも農作業の田下駄がその由来という説が有力である。かつての農村には足が深く沈み込まないように工夫された農具で、桶の形をした「ナンバ桶」と呼ばれるものがあったという。

田下駄を履いた農作業の際、左右交互型の手足の動きでは、踏み出す足底に全体重が加わる。田下駄と言えど、足が沈み込むのは避けられず、足の運びは「一方の手足を同時に出す」という形態にならざるを得ない。つまり、農作業では腕の振りを抑えなければ仕事にならないということになる。

それでなくても、右足を後方に残し、右手を伸ばして作業するという捻じり体勢では、疲労感が倍加するだろう。左右交互型の農作業姿に、現代でもほとんどお目にかかれない理由である。

こうした動きの形態は、江戸時代までによく見られたものだという。前述した飛脚や籠かき以外にも、剣の柄《つか》に手をかけて走る武士や忍者は腕を振らない滑るような走りを見せていただろうし、職人や遊び人などが往来を闊歩《かっぽ》するときも懐《ふところ》手《で》をして腕を振っていなかったという話をよく聞く。

もっとも、甲野氏の説によると、江戸時代までの庶民には少なくとも「走る」という習慣がなく、したがって「ナンバ走り」という名称も存在してなかったという。

実際、古い絵画を見る限り、火事などの災害で狂乱状態に陥った庶民は、左右交互型の走りでは逃げていない。ほとんどが盆踊りのように両手を高く掲げ、ほうほうの体《てい》で逃げ惑っ

〈体を捻る、通常の左右交互型の走り〉

〈左右の手足を同時に出すナンバ歩き〉

①

②

③

④

ている。普段走ることがなかったため、いざ走ろうとすると手を挙げなければバランスがとれなかったのだろう。すなわち、「走る」とは、飛脚や籠かきなど一部の庶民が必要に迫られて行なったのにすぎず、その走法が後世において「ナンバ走り」と命名されたという解釈である。

では、なぜ「ナンバ走り」が時代の産物と化してしまったのか。

実は明治一〇年の西南戦争がきっかけになったとする説がある。武智鉄二（前出）が唱えた説だが、このとき庶民で構成された鎮台兵《ちんだいへい》が、征韓論争に敗れた西郷隆盛率いる薩摩兵に追いつかれて惨殺された。

当時、薩摩藩はイギリスとの軍事同盟を結んでいた。その関係で導入されたのか。薩摩兵が駆使した走法が、西洋式の走り、つまり左右交互型の走りだったとされている。以来、明治政府は体育教育の一貫として「走り」を重要視し、「西洋式走り」が全国津々浦々に浸透していったという背景がある。

こうして闇に葬られた「ナンバ走り」。文明開化の名のもと、時代は古き伝統を徐々に忘却の彼方へと追いやり、日本古来の武術もまた、近代スポーツの高揚の中で、しだいに忘れ去られた存在になっていく。

だが、歴史は繰り返す、という。ここ数年、急激に関心を集め始めた歴史的な資産——古武術の身体運用が多くのスポーツ関係者に注目されているのも、そこに戦乱の世を生き抜くための精緻な叡智が隠されていたからだろう。

「ナンバ走り」とは、その叡智の象徴とも言うべきものである。「体を捻じらない」という基本理念。初動の俊敏性、瞬発性、持続性、正確性など、あらゆるスポーツに求められる根幹要素が、ここに結集していると言っても過言ではない。

実際、「ナンバ走り」をアレンジすることによって、走力を飛躍的にアップさせたアスリートが世界には存在する。

孫英傑《そんげいけつ》、中国長距離界のエースである。彼女は二〇〇二年釜山《プサン》アジア大会の女子五千メートルを一四分四〇秒四一の大会新で制すると、翌二〇〇三年の世界陸上パリ大会一万メートルでも銅メダルを獲得した。同年一〇月の北京国際マラソンでは、二時間一九分三九秒という世界歴代三位のタイムで優勝している。

孫の特徴は両腕をダラリと下げた走りにある。写真12を見れば、両肩の振りがほとんどないのに気がつくだろう。「体の中で腕を振らせる」という独特な肩の操作だが、彼女が実際に腕を振り始めるのは勝負どころにきたレース中盤以降からである。

それでも、彼女の腕の振り方は、他のランナーに比べて小さい。その特徴も両手を腰の下の辺りで小さく振るというものである。

さらに、小刻みな足の運びによる這うような走法。いかにも「ナンバ走り」の原形を彷彿とさせるだろう。

シドニー五輪金メダリストの高橋尚子。彼女の走りにもまた、ナンバ的な片鱗を認めることができる。ベルリンマラソンの二連覇も果たした彼女は、ストライドを抑えたいわゆる「ピッチ走法」を駆使している。腕の動きは肘から先を招き猫のようにクルクル回すもので、少なくとも肩は前後に振っていない。体の上下動もなく、これによって体幹が捻じられることなく、滑るような走りが可能になっている。

短距離走への応用は可能か？

このナンバ的走法は、長距離走においてのみ有効であると考えられてきた。つまり、短距離走には応用できないのではないかという声である。だが、ナンバ走りにヒントを得て、一躍世界の檜舞台に躍り出た日本人スプリンターがいる。

世界陸上パリ大会の二百メートルで銅メダルを獲得した末續慎吾（ミズノ）。前述した「扁平足」の持ち主である。

写真13を見てもらいたい。末續の走りは、他の走者と比べて重心が低く、体がまっすぐゴールを向いている。体の上下動もほとんどない。また、肩のラインが斜めになるのではなく、水平を保っている。肋骨を潰すようにしているのも一つの特徴だろう。

特に足の運びである。足の接地からキックに移行した後、膝が伸びることなく、屈曲を保っている。また、後方スイング時において、足首が伸び切ることもない。これによって足のターンオーバー（前方への切り返し）が速くなり、推進力をより高める結果をもたらしている。

逆にキック後に膝を伸ばすとどうなるのか。体の上下動が激しくなり、上向きの力が加わってくるため、推進力が著しく削がれるという結果をもたらす。特にスタミナの切れかかる後半は、ターンオーバーが遅れ、減速を引き起こす要因になる。

つまり、末續の走法とは、足の高速回転を維持する「走り」ということになるだろう。

この足の運びをアシストするのが、彼自身「ナンバ的」と口にする「腕の振り」である。肩の水平ラインを極力保ちつつ、肘から先を体幹の後方で振るのが特徴である。少なくとも

写真12　孫英傑（左）の走り。手前の福士加代子と比べて腕の振りが小さいのが分かる

写真13　末續慎吾（手前）の走り。他の選手に比べて腕の振りの小ささが際だつ

写真13-2 〃世界一〃と言われる末續のコーナリング。その秘密も腕振りと肋骨に

写真14 マイケル・ジョンソン（右）。隣の選手と比べても、体を捻らず、腕の振りが小さいことが分かる

腕は前方へ振り出されていない。前に振り出すと、必然的に（振り出したほうの）肩が前に出て、もう一方の肩が後方に残る。そうなると、体幹部が捻じれ、したがって体力的なロスを招く。

先に「体幹に捻じれが生じ、それがまた全体の流れにブレーキをかけることになる」という甲野氏の言葉を紹介したが、末續の走りの大きな特徴は、そのマイナス要素を抑えるものと言えるかもしれない。

末續はこう口にしている。

「腕振りを前後に振るという感覚ではなく、後ろから前に振るという感覚に変えてきました。相撲のテッポウのように腰と一緒に腕を前に送る動きで、〝ナンバ走り〟のような力の出し方なので、ナンバ的な腕振りと言ったんです」（「陸上マガジン」十一月号）

末續の「腕振り」の特徴は、コーナリングにおいてより効果的に発揮されている。両肩をほとんど動かすことなく、肘から先だけを体側面の斜め後方に振り下ろしていることである。

左右の肋骨を交互に動かすような身体の操作とも言えるが、これによって推進力にブレーキをかけず、コーナリングにおける遠心力も制御されているのである。「世界一のコーナリング」と言われる理由が、ここにあるのかもしれない（写真13－2）。

末續の走りにおけるナンバ的要素としては、次のようなことも言えるだろう。

先の日本選手権で二〇秒〇三をマークした後、彼は「ラスト五〇メートルでナンバを意識した」上で、「タイミングが合わせやすく、最後まで走り切れた」としている。

分かりやすく言えば、これは崩れかけた体勢を修正せず、腰に腕が引っ張られるようにゴールへ駆け込むという走りだろう。崩れかけた体勢を無理に修正しようとすると、筋力に頼らざるを得なくなり、勢いを削ぐ原因ともなる。そういう意味で、末續の後半の走りは、「勢いに身を任せたもの」と言い換えることができるかもしれない。

末續の「走り」において、同大会ではさらに究極的なものが見られた。フィニッシュの瞬間である。普通の選手は少しでもタイムを縮めようと、喘《あえ》ぐようにして胸を突き出すが、末續のフィニッシュは倒れ込むように右手右足が同時にテープを切るといったスタイルだった。

まさに「ナンバ」の原形である。おそらく、後半からの体勢崩しをゴール地点まで維持した結果、このようなフィニッシュスタイルが生まれたのだろう。

百メートル走に関してはその限りではないが、二百メートル走や四百メートル走といった極限的な無酸素運動の場合、スタミナの切れかかる後半は、この体勢崩しによる走りがより有効に働くと思われる。そのためには、固定的な支点を体に作らず、倒れ込むようにして足を運ぶという意識が必要になってくるだろう。

四百メートルの世界記録保持者マイケル・ジョンソン（写真14）。彼の腕の振りも末續と同じく、肘から先を振り下ろすという特徴を持っている。ただし、体勢崩しの「惰性走法」が後半に顕著な末續とは対照的に、ジョンソンの場合は前半から中盤にかけては惰性を利用した滑るような走りを見せ、ラスト五〇メートルぐらいから腕を前後に振る全力的な疾走へと切り替えている。

観ている者には、それほど速くは感じないはずである。が、タイムは素晴らしい。それもこれも、体幹に捻じり戻しの負担をかけない「省エネ走法」が、その根底にあるからだろう。つまり、彼の走りもまた、「ナンバ」の側面を色濃く有していると言えるのである。

なお、「どうやったら速く走れるのか」と問われ、アバウトながらジョンソンはこう答えている。

「いかに強く蹴るかではなく、次の足をいかに速く出すかだ」

2、「ナンバ走り」の実践

桐朋流ナンバ走り

都内有数の進学校・桐朋高校のバスケットボール部が、インターハイと選抜大会のダブル出場を果たしたのは、二〇〇〇年のことである。

その前年まで普通の学校だった桐朋が、突如強豪校へと姿を変えた背景には、各プレーにおける古武術的身体操作の応用がある。中でも他校を恐れさせる一番の武器になったのが、試行錯誤の上に編み出した桐朋流ナンバ走り（72～85ページ）だった。それによって、スタミナ切れすることなく、試合中は終始相手を追い回すプレスディフェンスが可能になった。

ナンバ走りの基本的な概念とは、前述したように、右足を出したときに右腕を、左足を出したときに左腕を出すというものである。だが、それを額面通りに行なうと、慣性エネルギーによって体が左右にぶれてしまうことも説明した。

桐朋流ナンバ走りとは、そのバランスの欠如を補い、しかも、体幹部の捻じり戻し運動を消し去ったものである。つまり、右足を出すと同時に右肘から先を引き上げるという身体の運用法だが、これによって、腰から肩までのラインが常に正面を向き、体幹部の捻じれがほとんど生じなくなった。体の上下動もなく、走法スタイルは末續やジョンソンのそれに近いものがあるだろう。

こう書くと決まったフォームがあるようだが、方法論は何でもいい。実際、ナンバ的走法をマスターした桐朋バスケット部員は、猛ダッシュに入ると、それぞれが独自の腕の動きを見せる。それでも、スタミナ切れを招くことはあまりない。要は体幹が捻じれなければいいのである。

骨盤が足を引っ張る

これらナンバ的走歩方を行なう場合、感覚的に必要になってくるのは、左右の骨盤を交互に引っ張るようにして走る（歩く）というものである。すなわち、左右の腸骨を柔軟にし、それぞれを独立させて前に出す感覚である。これは、局部に主役をさせることなく、肉体全体に「走る」仕事を分担させるという意味にも繋がるだろう。

注意点は、腸骨を後ろに引かないことである。後方に残ると、必然的に膝から下を主役として使うことになり、「蹴る」「踏ん張る」というマイナス要素が生じてくる。

ナンバ走りの「コツをつかむ」ための予備段階としては、まず歩きの中から習得するという方法がベストかもしれない（84〜85ページ）。

たとえば、階段や山を上る際、右足を踏み出したときに右手をその膝に添えるというやり方である。これは疲労困憊《こんぱい》したとき自然に出るポーズだが、体を楽にする意味で、しごく理に適った動きである。

竹馬に乗って歩くのも、ナンバ的感覚を養う手段として有効である。竹馬は踏ん張ってはうまく前に進まない。スムーズに歩くためには前方へと一歩一歩倒すようにしなければならず、古武術で言う支点の崩しによるエネルギーの移動に通じるところがある。

以上の動作を加味した上で、骨盤で走るという感覚を養うためには、俗に言う「骨盤歩き」の習得が有効になるだろう（86ページ）。この「骨盤歩き」は骨盤を形成する「仙骨」「腸骨」の分離感覚を促進し、それぞれの独立した動きを可能にしてくれる。第三章、第四章で後述する「骨盤潰し」による様々な技を可能にする予備段階としても、ぜひとも取り組んでもらいたいトレーニングである。

余談になるが、歩き方や走り方は健康にも関与するという話を聞いた。ある医師によると、

③

④

⑤

⑥

〈桐朋流ナンバ歩き（横）〉

右手右足、左手左足を同時に出すのではなく、右足が出たときに右肘から先を、左足が出たときに左肘から先を引き上げているのが分かる

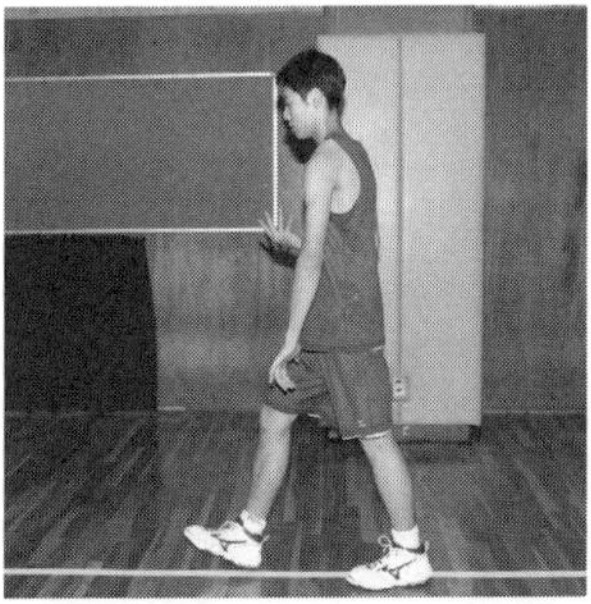

①

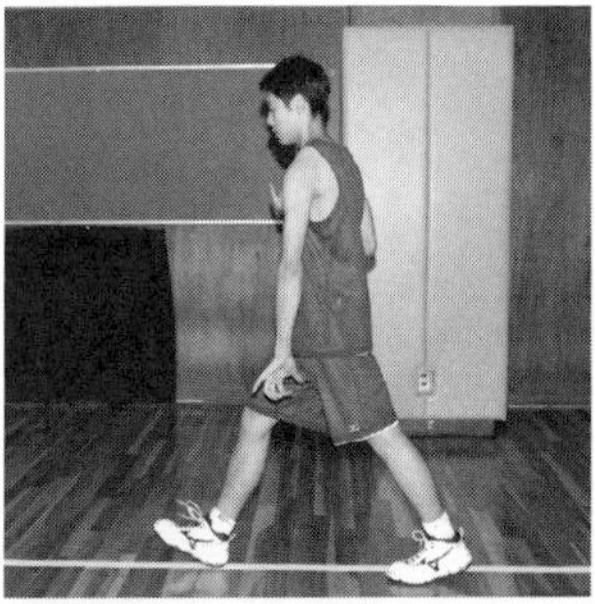

②

⑦

⑧

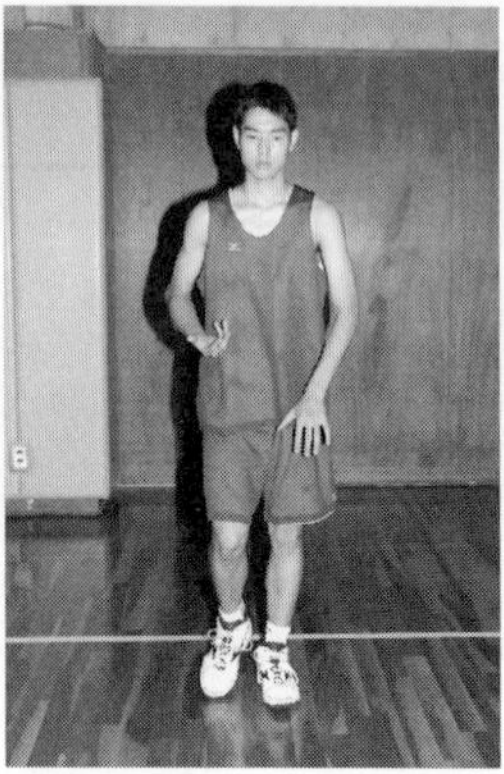

③

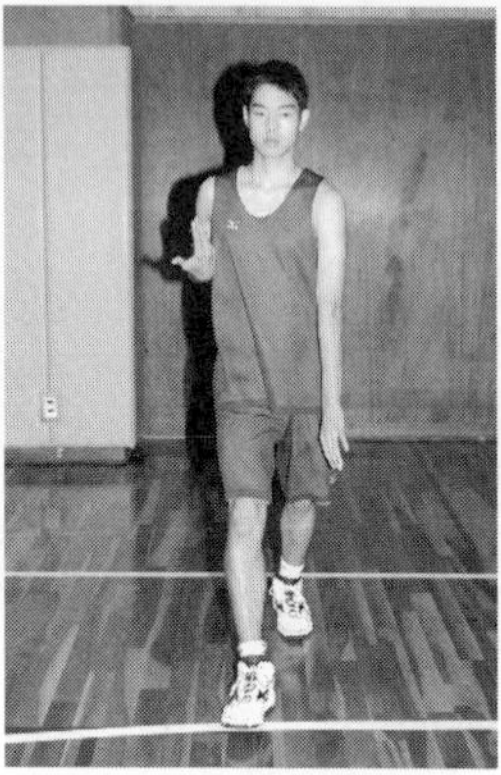

④

⑥

⑤

〈桐朋流ナンバ歩き(正面)〉

足が出ると同時に、同じ側の腕の肘から先を引き上げているのが分かる

①

②

⑧

⑦

③

④

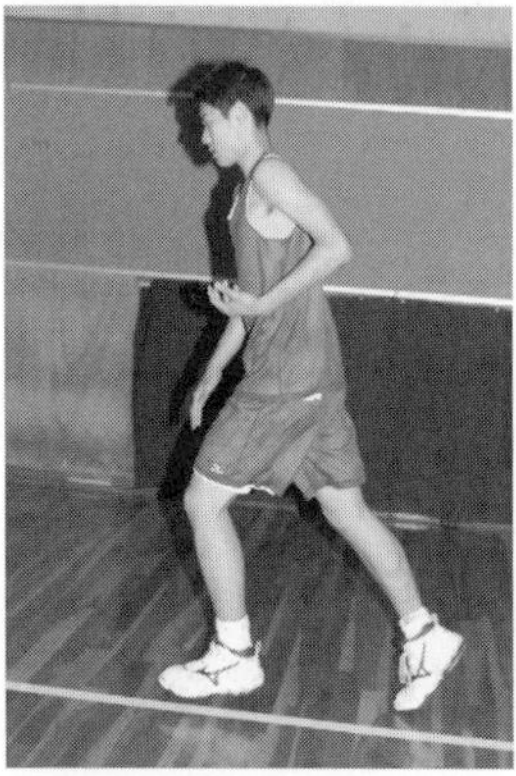

⑥

⑤

〈桐朋流ナンバ走り（横）〉

体の上下動、体幹部の捻じれはほとんど見られない。前傾姿勢をとることで、足がスムーズに出る。大きな足の上げ下げはない

①

②

⑧

⑦

③

④

⑤

⑥

〈桐朋流ナンバ走り（正面）〉

モデル役の喜田君は、ナンバ的走歩行を身につけたあと、通常の左右交互型の走りがやりづらくなったという

①

②

⑧

⑦

③

④

⑤

⑥

〈腕を振らない桐朋流ナンバ走り（横）〉

わずかに肩のラインが腰のラインとクロスする

①

②

⑧

⑦

③

④

⑤

⑥

〈腕を振らない桐朋流ナンバ走り（正面）〉

①

②

⑧

⑦

〈ナンバ的感覚を養う（正面）〉

①

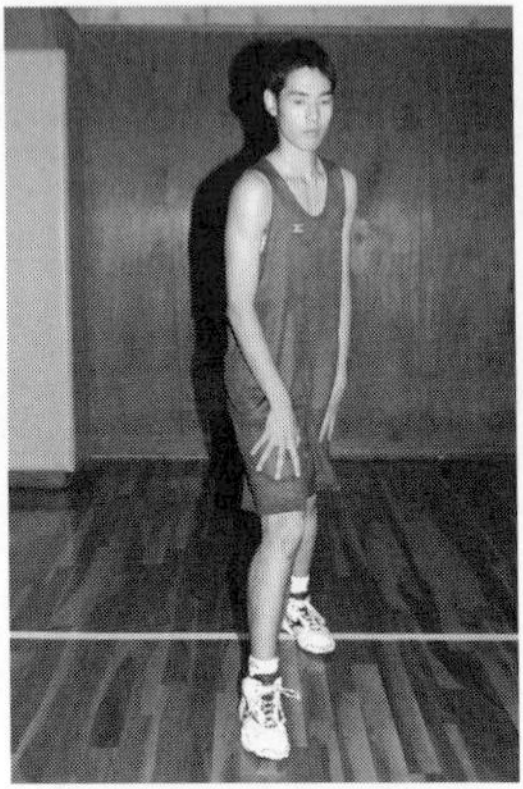

②

③

④

〈ナンバ的感覚を養う（横）〉

両手を太股に置いて歩いてみる。
右手右足、左手左足が同時に出るナンバ的感覚が分かるだろう

①

②

③

④

〈骨盤歩き〉

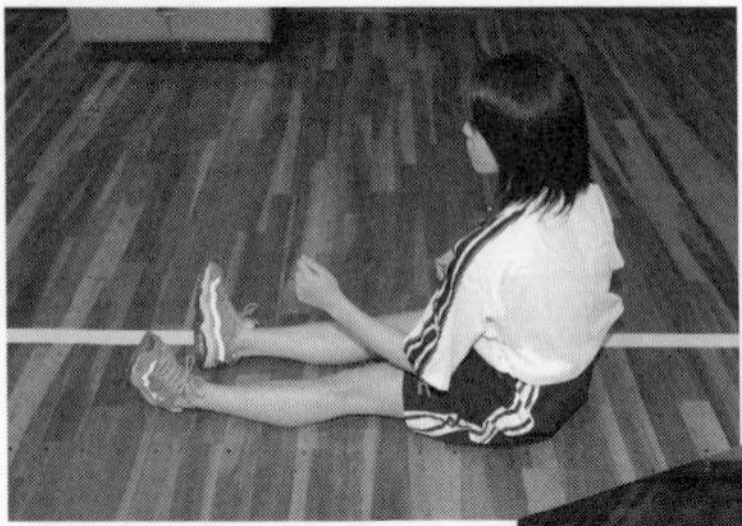

①

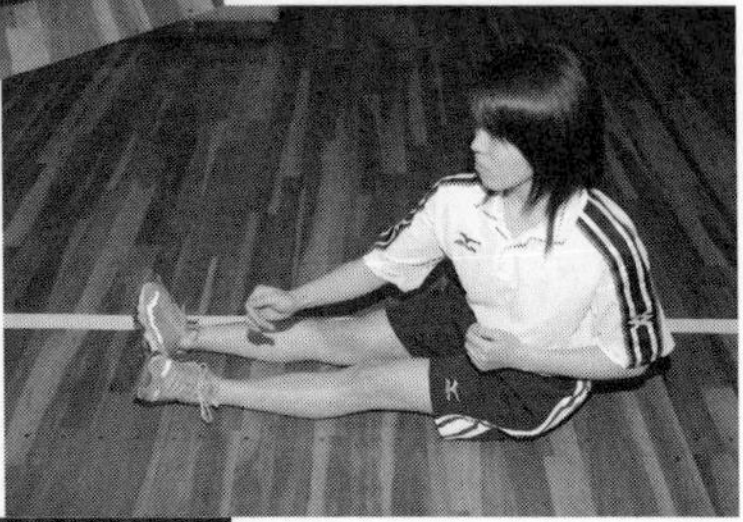

②

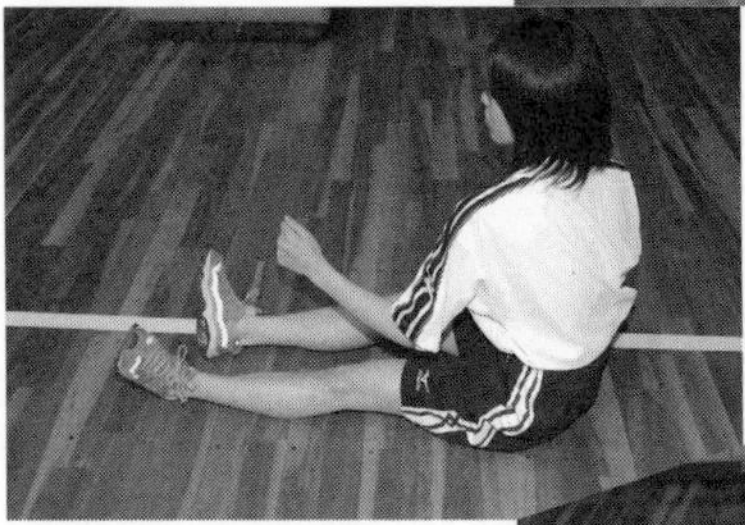

③

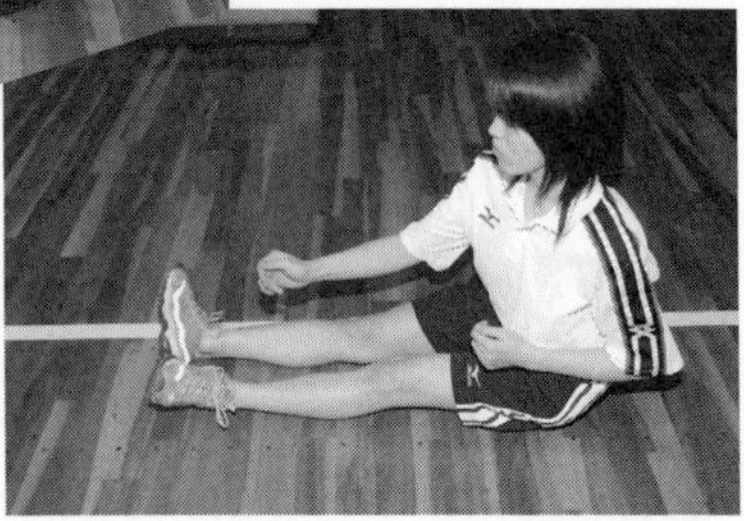

④

現代の上肢、下肢の左右交互型の走歩行は、内臓への負担を増大させ、便秘の原因にもなるという。

しかし、体幹を捻じらない走歩行は、体内の血流を滞らせることなく、内臓にも優しい。ナンバ的歩行に変えてから頑固な便秘が解消される患者もいたという。

古《いにしえ》の叡智が、ここでも生きている。

第三章　打つ

1、「井桁崩し」を応用して最短距離で叩く

「ヒンジ運動」と「ドアスイング」

ミスタープロ野球・長嶋茂雄（写真15）。指導者としての彼の教え方は、凡人にはなかなか理解しえないところがある。いわゆる、「パッと出して、ビュッと振る……」云々の類の独特な指導用語である。

「野性的勘の持ち主」と言われる理由の一端だが、彼が伝えんとする動きには確かに言葉による説明が困難な奥深さがあるのだろう。

長嶋が実践していた打撃法に「フルチン打法」なるものがあった。これは彼の打撃理論の根幹を成すもので、スイングの際のペニスの動きに着目したものである。

現役当時の長嶋は大鏡の前で、よくパンツを脱いで素振りに汗を流した。バットが振り出される際のペニスの反射動を観察するためである。通常考えられるのは、ペニスの根元を支点としたペニスそのもののヒンジ（蝶番《ちょうつがい》）運動だろう（図2）。すなわち、腰の回転に同調して、ペニスが円を描くように左の太股を叩くという動きである。

しかし、長嶋はペニスのヒンジ運動を求めているわけではなかった。求めていたのは、ペニスの先が円を描くことなく、そのまま投手に向かって突き刺さるように伸びることである。そして、最後にペニスの先が左内股を鋭く叩く。それも、「バシッ！」という短く乾いた音をさせなければならないという。

この動きにおいて、ペニスには確固たる支点が存在しない。強く引っ張られることによって、ペニスそのものが前方に放り投げられるという動きである。

この「フルチン打法」は、少なくとも一笑に付《ふ》すべき性格のものではない。実は古武術的身体操作の奥義《おうぎ》の一端を示したものと考えられるからだ。

しかし、長嶋がペニスのヒンジ運動、ひいてはそれを派生させるヒンジ運動的な身体操作を、なぜ忌み嫌ったのか。「フルチン打法」の解説に入る前に、それを簡単に説明しておく必要がある。

写真15　長嶋茂雄のバッティング

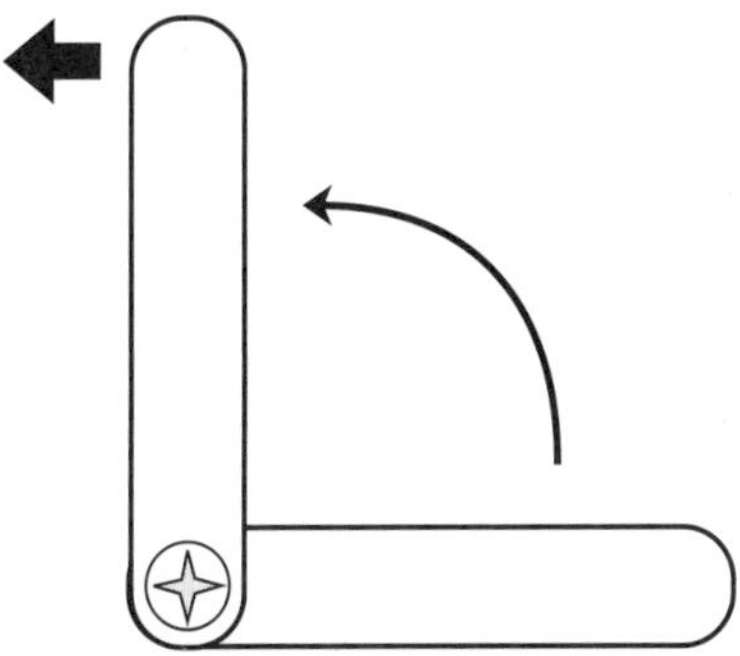

〈図2　ヒンジ運動〉

それなりの威力はあるが、ためが生まれ、相手に動きを読まれやすいなど、欠点が多いすでに述べたように、ヒンジ運動とは支点を固定することによって生じる円運動である。車のワイパーの動きを想像してもらえればいいだろう。

この動きはスピードを伴うと、それなりの威力を生み出すことができる。野球のバッティングを例にとると、ヒンジ運動的なスイングによって、とりあえずエネルギーはボールに伝えることができる。しかし、このバット操作、いわゆる「ドアスイング」は様々な弊害を内包している。その理由は次のようなものである。

まず、バットのヒンジ運動を開始するにあたって、力をためなければならない。そうなると、反動を大きくとらざるを得なくなり、素早いバットコントロールが困難になる。

また、タイミングが合わせづらい。外角球は振り遅れ、ミートポイントも曖昧《あいまい》になる。内角球になると、始動を早くしなければボールをとらえることができず、ミートできたとしてもフェアゾーンには打ち返せない。また、一度動き出すとバットを止めるのが困難になるが、何よりも困るのは故障を誘発しやすいということである。

固定的支点による円運動をするワイパーが金属疲労に見舞われ、やがて使いものにならなくなるのと同じ理屈である。

ボクシングや空手などの打撃系格闘技でも、この「ヒンジ運動」的攻撃はまるで役に立たない。相手に攻撃の気配をいち早く察知され、防御の体勢に入られてしまう。それによって、相手の反撃を容易に許してしまうという危険性も引き寄せるだろう。さらに、円運動のタイミングが悪いと、打撃エネルギーが分散され、標的をとらえてもダメージを与えることができないという欠点もある。

打撃系格闘技においては、「反動をつけず最短距離で標的を打ち抜け」と言われる。同じように、バッティングでも「後方の腕を畳むように最短距離でバットを振り出さなければならない」というコーチングが行なわれる。

では、「最短距離でバットを振り出す」スイングを忠実に行なった場合、バットの先端はどういう軌道を描いているのか。

円運動ではなく、変形した楕円軌道を描いているのが分かるだろう。つまり、そのようなバット軌道を誘発させる肉体の動きが何よりも重要になってくるのである。

この動きを確認する方法の一つが、長嶋の「フルチン打法」によるペニスの動きの確認ということになる。

「井桁崩し」とは

古武術研究家の甲野善紀氏の理論に「井桁《いげた》術理（井桁崩しの原理）」というものがある。第一章でも触れているように、体に固定した支点を作らず、骨格を変形させることで、いわば複数の支点を作り出す。その複数の支点を一斉に動かすことによって、より効率的な動きを可能にするという理論である。「複数の支点」とは「体を細かく割る」という言葉に置き換えることができるだろう。甲野氏がたとえでよく使う「小魚の群れが一斉に方向転換する」も、同じ意味である（第四章で後述）。

つまり、こう考えると、分かりやすいかもしれない。ある一定の方向に力を向けるとき、通常は体の各部位を連鎖的に動かす「うねり系」によって行なわれる。「うねり」とは動作の初期において、体の支点を固定した結果、生じるものである。

だが、これでは相手に次の動作を察知され、簡単に対応策を講じられてしまう。それだけではない。各部位の〝遊び〟によって動作完了が遅くなり、エネルギーが分散してしまうだろう。

それに対して、「井桁崩し」的な動きとは、連鎖反応的に体をうねらせるのではなく、体全体を一斉に同じ方向へと移動させるというものである。

図3を見てもらいたい。上の四角形を潰すように変形させたのが、下の平行四辺形である。四つの支点がそれぞれのヒンジ運動を開始して、作用点となる突端部に力が集中していくのが分かるだろう。

長嶋の「フルチン打法」の身体操作は、この「井桁崩し」の動きによく似ている。すなわち、バットを振り出すその瞬間、骨盤を瞬時に潰すことによって、前腰に力の凝集点を作り出すという身体の運用である。

しかも、瞬時の骨盤潰しによって、後ろ腰はヒンジ運動をすることなく、前方へ急激に引っ張られるような動きを見せる。これは、後ろ腰の通りが良くなることを意味している。その後ろ腰の前方への飛び出しにつられて、ペニスの先もまた投手方向に突き刺さるように発射される。ちょうど、伸ばしたゴムの一端を離したときのような動きに似ているかもしれない。

この「井桁崩し」には、さらに別の特徴がある。複数の支点ができることによって、相手に気配を察知されないという利点である。再び図3の平行四辺形に目を移せば、それが変形していくにつれて、各支点がそれぞれに位置を変えていくのが分かる。つまり、力の方向が複雑になるため、相手が次の動きを把握できないという理屈に辿りつくだろう。

〈図3　井桁崩し〉

4つの支点がそれぞれヒンジ運動を開始するので、支点は固定されない

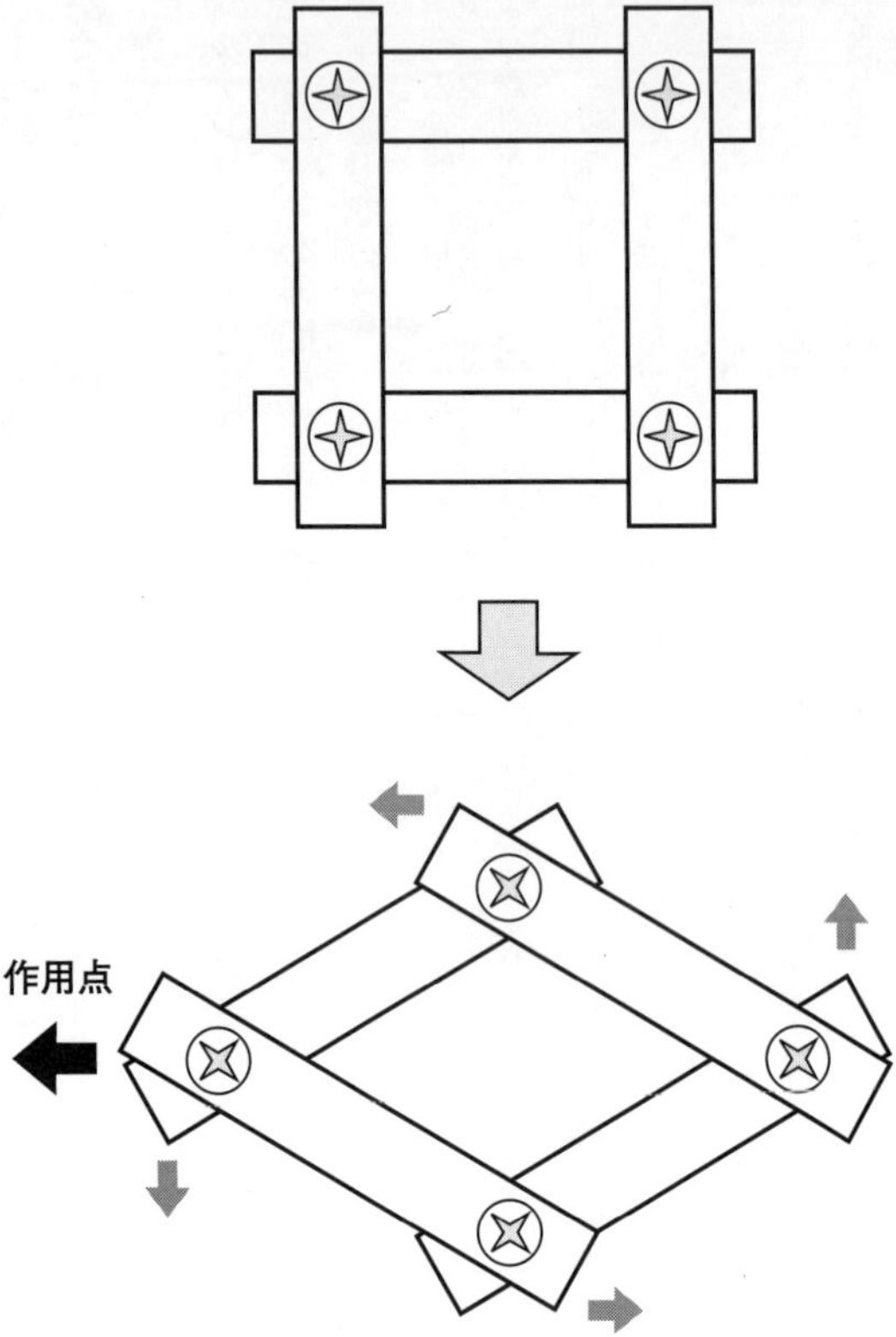

また、固定的な支点がないという意味において、打撃時には投球を最後まで見極められる利点もある。これは第一章で触れた「浪之下」の原理に通じるもので、後述する「抜く」「あたる」などにも応用できる〝技〟でもある。詳しくは第四章、第五章に目を通していただきたい。

いずれにしても、「野性的勘の持ち主」と半ば揶揄《やゆ》されるように言われた長嶋。その身体の技法には古伝の叡智が隠されていたが、気の毒なのが遠征先で相部屋になった後輩たちだった。

「フルチン打法」の半強制的指導。「お前のは勢いが足りん！」の叱咤激励のもと、いつまでもやらされていたという。

特に内角球に有効

もっとも、プロ球界には知ってか知らずか、長嶋以外にも「井桁崩し打法」を駆使している一流プレイヤーが存在する。ダイエーの主砲・松中信彦が、その一人である。

左打者の松中は、内角打ちの名人と言われている。通常ならファウルになるような内角球をダイヤモンドに打ち返す技術は、絶妙なバットコントロールにあるとされている。ストライクゾーンを外れた胸元への内角の速球を、バットを折りながらライトスタンドに叩き込むという離れ業を演じたこともあるが、このバットコントロールも「井桁崩し」の応用と無縁ではない。

写真16は内角球を打ちにいく松中の打撃フォームである。特に骨盤の形態に注意してもらいたい。ユニホーム越しでもそれを投手方向に伸ばすように変形させているのが分かるだろう。少なくとも一方の腰を支点としたヒンジ運動はしていない。

これは第四章の「抜く」にあるように、狭いところを通り抜けるような動きにも似ている。左腰が前方へと引っ張られる動きによって、厳しい内角球への対応を容易にしているのである。

この骨盤潰しによる打撃の形態は、マリナーズのイチローにも見ることができる。ただ、外角球を引っ張ることに対する有効性については、現時点で確認することができない。したがって、「井桁崩し」打法に関して、ここでは内角球と、外角球を流し打つことに対して有効という結論に留めておきたい。

写真16　内角球を打ちにいく松中信彦の打撃フォーム

写真17　セリーナ・ウィリアムズ。動作の完了時点で体が正面を向いている

2、「捻らず」「うねらず」「踏ん張らない」スイング

中嶋常幸の復活

「打つ」という動作における古武術的身体操作の基盤となるものは何か。くどいようだが、これもまた「捻らず」「うねらず」「踏ん張らず」の三要素である。

プロゴルファーの石渡俊彦。「体と技」を融合したコーチング理論を唱える彼は、長い不振に沈んでいた中嶋常幸を復活させた名コーチとしても知られる。

ゴルフのスイング指導で、その石渡が強調するのが、「体を捻じらずに打つ」というものである。

ドライバーショットの場合、ティグラウンドに立ち、ティにのったボールと正対したとき（アドレスのとき）、我々はどういう体勢をとるべきと教えられてきたか。一昔前までは、両足を肩幅と同じぐらいの広さに置き、右のつま先は真っ直ぐ、左のつま先はやや開くというスタイルだった。その際、両足は地面に固定させる。そして、大きなバックスイングからドライバーを振り下ろし、しっかりとフォローをとるというものだろう。

だが、石渡はこの従来のフォームを「体の捻じれを生み、パワーと正確さに欠ける」ものとしている。まず、ネックとなるのは、足の固定、いわゆる「踏ん張り」である。それが、右腰の前方への通り道を遮断する。そうなると、上半身に頼った捻じれ系のスイングになり、パワーと正確さの欠如だけでなく、腰への負担という弊害まで引き寄せてしまう。

この捻じれ系スイングに対して、石渡が提唱するのは、右半身を自由にするというスイングである。まず、右のつま先をやや開き、自然体でバックスイングをとる。振り出しの際は、右足を軽く浮かせるようにして、右腰をスイングに同調させなければいけない。これによって右腰がスムーズに前方へと送り出され、体を無理なく回すことが可能になるのだという。

ここで重要になるのが、第一章で述べた股関節（鼠蹊部）の「折り畳み」動作である。つまり、右利きなら右の鼠蹊部の柔軟性、屈曲性が必要になってくるだろう。

「踏ん張り」を消すことで右腰をスムーズに送り出すスイングは、ゴルフ以外のスポーツにもその有効性を見て取れる。

たとえば、テニス。一流プレイヤーがボールを打ち返すときの体の動きを見てもらいたい（写真17）。必ずショットと同時に右腰が前に出て、動作の完了時点では正面を向いた格好になっているだろう。この動作に体幹の捻じりはなく、しかも、打ち終わった後は相手のリターンに対処できるような体勢になっている。もちろん、腰への負担も少ない。

野球のバッティングでも同じことが言える。写真18はマリナーズ・イチローのスイングだが、右足への体重の移行に合わせて、左足を浮かすように同調させている。これによって左の腰がスムーズな回転を始め、体の中の〝遊び〟のないエネルギーを、そのままバットに乗せることができるのである。

前述した「井桁崩し」的な身体操作に加え、イチローの打球の速さの秘密がここにある。また、広角打法と言われる左右への打ち分けは、ミートポイントの幅が広いことを物語っている。

バッティングでは「体の前で打て」と、よく言われる。これは従来良しとされてきた後ろ足を軸とするフォームに対して言われてきた理論である。確かに後ろ足を軸（体の後ろ側面を壁）とした場合、「軸の前で」打たなければ、打球は前に飛ぶことはありえない。これはミートポイントが「軸の前」に限られているという意味で、少なくとも唯一絶対的なフォームとは言えないだろう。

しかし、イチローの打撃フォームはどうか。体重が前足（右足）へと移され、左肩と左腰がスムーズな回旋を見せている。これは必ずしも「体の前で」なければ打てないフォームで

写真18　左足を浮かすように同調させたイチローのバッティング

写真19　打ち終わったと同時に走る体勢をつくる

はない。左肩と左腰の回旋エネルギーによって、ポイントが後ろにずれても、逆方向に強い打球を弾き返すことができる。つまり、ミートポイントの幅を広く使った打法ということになり、これがイチローの高打率を支え、左方向への強い打球という特徴を生み出していると言っても過言ではない。

さらにイチローには、打撃動作の過程において、「走る」要素が加味されているという特徴がある。写真19にあるように、打ち終わった瞬間にすでに足が一塁方向へと振り出されている。走塁のための第一歩の始動が早くなっているのである。

彼の内野安打の多さ、ひいては高打率の秘密がここにも隠されている。

右腕に対する意識（右打者の場合）

一方、「打つ」という動作において、何にも増して優先させなければならないのが、いかに正確にボールをとらえるかということだろう。バッティングならバットの芯でボールをとらえるということになる。

ポイントは、右打者の場合、右腕に対する意識付け。要するに、右腕でボールを「とらえる」という感覚である。これによってブレのないスイングが可能になり、打ち損じが少なくなる。

野球ではよく、（右打者なら）左手一本でバットを握った「片手打ち」の素振りをする（106ページ上）。ゴルフでも左手一本によるスイング練習が重要視されてきた。中には「右手を殺せ」とまで教える指導者もいたほどである。

確かに右利きの人間は、一般的に左腕の力が右腕に劣る。このトレーニングは左腕を強くすることによって左右の腕のバランスをとるという意味で有効なのかもしれない。また、左腕でバットやクラブを引っ張る動きの作用が、ボールの飛距離を生むという発想にも基づいているのだろう。つまり、「片手打ち」は引っ張るという感覚をマスターする練習ということになる。

ただし、この「左手で引っ張る」感覚でのスイングは、体の捻じれを生む危険性を常に伴うだろう。そうなると、変化球や投球の緩急に対応しにくくなる。野球で言えば、一度動き出したバットの修正が困難になるという欠点である。

しかし、すでに説明したように、右半身のすべてを使ってボールを打つという動作には、体部に捻じれを生じさせる要素がない。そのため、投球への〝待ち〟の姿勢が可能になり、変化球や投球の緩急への対応が容易になってくる。

〈通常行なわれる片手（利き腕ではない方）での素振り〉

上体がややうねっている

〈利き腕での素振り〉

この練習で「とらえる」感覚が養えるのではないか

バッティングの本質とはいかにボールを正確に「とらえる」か、ということである。バットにあたらなければ、バッティングとして成り立たない。まず、あてることが先決である。そのバッティングの本質を考えたとき、器用な利き手を「殺す」必要はない。それどころか、利き手で球を「とらえる」という感覚こそが、重要になってくるだろう。

そこで、提案である。

利き手による「片手打ち」の素振りを行なってはどうか（106ページ下）。「引っ張る」感覚ではなく、「とらえる」感覚を養うためのトレーニングだが、少なくとも打率アップのためのアプローチとしては有効だろう。

ゴルフでは利き手の〝押し〟を意識したスイングやショットが、より正確度を増す要素となる。正確なアプローチを求めるならば、利き手で転がすという意識が特に必要になってくるだろう（108〜109ページ）。

利き腕への意識付け。「正確さ」を求めるためには、見逃すことのできない要素である。

利き目

「打つ」ということに関連して言うと、いわゆる「利き目」を無視するわけにはいかない。

③

④

⑤

⑥

〈石渡プロが提唱する、利き手1本によるスイングトレーニング〉

強い利き腕でしっかりボールをとらえられるようになり、右腰もスムーズに回るようになる。軸足を踏ん張らず、体を捻じらないので、故障も大幅に減る

①

②

⑧

⑦

人間は左右どちらかの目を利き目としており、物を見るときは、そのいずれかを主体として使用している。

まず、親指と人差指で丸い輪を作ってもらいたい。次に部屋の壁の染み（なければ、ドアのノブでも何でもいい）を見つけて、指で作った丸い輪の中にその染みが納まるように両目で見る。壁の染みが丸い輪の中に納まっているのを確認してほしい。

次に、左右どちらかの目をつぶり、片目だけで輪の中に納まったその染みを見てみる。これを左右、交互に行なう。果たして壁の染みは、輪の中にちゃんと納まっているだろうか。

一方の目で見たときには納まっているが、もう一方の目で見たときは、輪から大きく外れているはずである。要するに、納まって見えるほうが利き目。外れているほうは、利き目でないということになる。

実は人間には右の利き目の持ち主が圧倒的に多い。右利きの人間の大半は、右の利き目だが、トータルしても人口の約八〇パーセントがそうだという。

プロ野球のここ数年の首位打者を調べてみると、面白いことが分かった。セリーグは一九九七年の鈴木尚典（横浜）から二〇〇二年の福留孝介《ふくどめこうすけ》（中日）まで、パリーグでは九四年のイチロー（オリックス）から二〇〇三年の小笠原道大《おがさわらみちひろ》（日本ハム）に至るまで、すべて左打者が首位打者のタイトルを獲得している（ただし、二〇〇〇年のセリーグ首位打者・金城龍彦＝横浜＝は両打ち）。さらに特筆すべきは、二〇〇一年の福浦和也（ロッテ）を除くすべてが、右投げの選手ということである。

このことが何を意味しているのか。

右投げということは、当然のことながら本来は右利きになる。ということは、一般的に右が利き目になる。その右利きの選手が、打つときは左打席に入る。

すると、どうなるか。

利き目である右目が、左目よりも投手に近い位置にあることが理解できるだろう。先にも書いたように、人間は両目で対象物を見ているようで、実は利き目で焦点を合わせている。つまり、右が利き目の左打者は、右目で球道を追っていることになるだろう。これは、右が利き目の右打者に比べて投球を近くで見ていることを意味し、球筋を手元までしっかり見極めることができるという利点にも繋がる。

これが逆に左が利き目だったらどうなるのか。やや遠くから球筋を見極めることになり、ボールを手元に引きつけることが、比較的難しくなるのである。

プロ、アマ問わず、右投げ左打ちの選手が、ここ数年で急増している。右投手が多いという現状に加え、ファーストベースが近いことで「野球は左打者が有利」という声もあるが、その背景には利き目による「打ちやすさ」もあるのかもしれない。

そういう意味で、右打者の横浜・種田仁《ひとし》の極端なオープンスタンスは、利き目対策という側面も有しているだろう。投手と正対に近いスタンスをとることで、利き目である右目で球道を追い、手元までボールを引き寄せるという試みである。

独特のガニマタ打法。見た目は滑稽だが、利き目を活かすためには、効果的なスタイルと言えるかもしれない。

第四章　殴る、抜く

1、なぜ予備動作があってはいけないのか

「パワー」よりも「速さ」

真剣勝負には「一撃必殺」という要素が付いて回る。「殺すか、殺されるか」という究極的なシーンにおいて、先手必勝が生き残るための第一条件になることは言うまでもない。つまり、真剣の切っ先を素早く標的にあてるという行為である。

そういう意味で、「殺すか、殺されるか」の世界に生きていた戦国武将や武術家などにとって、〝速さ〟という要素は何にも増して優先させなければならない重要事項だったのだろう。ダメージを与えるという要素は、〝速さ〟の二の次である。

ダメージを優先した動きが、なぜ真剣勝負において効力を発揮しないのか。

動きの過程で「踏ん張る（ためる）」「うねる」「捻る」という要素が生じやすくなるからである。そうなると、次の動きの気配が相手に伝わり、それに対処した相手の反撃を受ける危険性が必然的に高まってくる。相手に予備動作を察知されることによって、次の動作の情報を簡単に与えてしまうのである。同時にそれは隙を生む。真剣勝負ならば、絶命に至る危険な動作と言えるだろう。

しかし、武術の達人になれば話は違う。〝速さ〟と〝ダメージを与える〟という二つの条件を同時並列的にいとも簡単に行なってしまう。この「達人域」の身体操作を説明するにあたり、甲野氏はたとえとして「小魚の群れの泳ぎ」を用いている。

「イルカやクジラのような大きい生き物が海の中で進路を方向転換すると、どうしても体がうねるから遅くなる。しかし、群れで泳ぐ小魚が方向を転換するときは、サッと一瞬にしてやってしまう。私の動きもこれと同じです。

要するに、体を細かく割って、その各部位を意識する。体の中に虫がぎっしりと蠢《うごめ》いている感覚ですね。で、無数の割れた部分を一斉にある方向に向ける。その際、ほんの瞬間的に自分の体の中に急激なブレーキをかけるわけです。外に向けて飛び出そうとするエネルギーを、一瞬内部にためることによって、次にロケット砲のごとく威力を増して飛び出させるわけです」

「瞬間的に自分の中に急激なブレーキをかける」という意味。これを理解するためには、自動車の正面衝突をイメージするといいだろう。シートベルトを着けていない車中の人間がフロントガラスを突き破って外に飛び出してしまうように、このとき発生するエネルギーには想像を絶するほど強力なものがある。

甲野氏の提案する身体操作の一つは、この「ブレーキエネルギー」を利用することにある。ハンマー投げの室伏広治は、ハンマーが手を離れる寸前に瞬間的なブレーキをかけているという。一方、巨人軍の工藤公康は、その投球フォームの完了において、左の掌が反り返るようにホームベースへと向けられる。これもまた、ブレーキエネルギーを利用したものである。もっとも、これらの動作は教えてできるものではない。やはり、個々人の感覚的なものに頼らざるを得ないだろう。

つまり、甲野氏の主張は、簡単に言うとこういうことになる。

「うねり」や「ため」のない（〝遊び〟のない）動きを瞬時に行なうと同時に、体内に瞬間的なブレーキをかける。それによって、予備動作を見せることなく、強いエネルギーを発揮するという方法論である。

もっとも、先に書いたような「体を細かく割って、それを一斉に向ける」という身体の技法は、武術の達人が何年もの修行を積んで会得したものである。その言葉を額面通り受け取っても、なかなかうまくいくものではない。

だが、諦めるのは早い。この身体の内部操作は、第三章の「打つ」でも説明した「井桁崩し」の応用によって可能になる。すなわち、肋骨や骨盤を潰したり変形させるといった動きである。

では、古武術の奥義であるこの「井桁崩し」を、いかにしてスポーツパフォーマンスに結びつけたらいいのか。以下、「殴る」「抜く」などの動きの中で説明していく。

2、殴る

気配を消す

アトランタ・ブレーブスのグレッグ・マダックス。彼は一九九二年から九五年まで四年連続でサイ・ヤング賞を受賞、二〇〇三年シーズンまで一六年連続の一五勝以上をマークしたメジャー最高峰の投手である。中でも九四年、九五年に記録した防御率一点台は、ウォルター・ジョンソン以来七六年ぶりの快挙となった。

だが、マダックスはいわゆる豪腕の持ち主ではない。豪腕揃いのメジャーにあって、MAXはせいぜい一三〇キロ台である。なのに、なぜ、好成績を残せるのか。

理由は「気配を消す」ことで、次の動作を相手に読みづらくさせていることにある。甲野氏もこう言っている。

「マダックスは体をうねらせていない。ためも作ってないから、体の面がスッと前方に押し出されている。みんな打てないのは、ボールがいつリリースされるか読みにくいからでしょう。踏ん張ると次の動作を読まれてしまいますから」

一方、巨人の桑田真澄は二〇〇二年、最優秀防御率のタイトルをとり、それまでの不振から見事な復活を遂げた。甲野氏から伝授された古武術的身体操作、つまり「踏ん張らず」「うねらず」「捻らず」を基盤とした動きが、復活の背景にあったことは知られている。

二〇〇二年当時の桑田は、まさに「和製マダックス」だった。〝ため〟や〝張り〟のない投球フォームが、打者のタイミングを狂わせ、凡打の山を築いた。マダックス同様、「気配を見せない」投球スタイルだった。

だが、二〇〇三年のシーズンに入ると、桑田は一転して不振に喘ぐことになる。故障にも悩まされたが、〝犯人〟はやはり「気配」にあったような気がする。

具体的に言うと、テイクバックの際の肩周辺の瞬間的な〝張り〟である。この〝張り〟が、打者にとってタイミングを計るための格好の材料となったのかもしれない。とどのつまり、ほんの微妙な予備動作が不振の一端を招いたのではないか、というのが私たちの感想である。

「踏み込む」「蹴る」という予備動作をいかに消すか

「気配」という問題は、対人スポーツにおいて勝敗の帰趨《きすう》を決する重大な要素になりうる。言葉を変えれば、「いかにして気配を消すか」が、アスリートにとっての重大なテーマになってくるのだろう。

たとえば、ボクシングには「テレフォンパンチ」というものがある。相手の対応を容易に許してしまう、いわゆる「知らせてから放つパンチ」を意味する言葉である。この「テレフォンパンチ」の原因となるのが、「ため」「反動」「うねり」「大振り」といった動きである。いずれの要素も予備動作を伴い、標的へのヒットの確率を低くするのは明白だろう。

「拳を捻り込むように打つべし」という意味は、第一章で説明した通りだが、ボクシングではもう一つ定説となっている指導法がある。

「踏み込んで左ストレートを打て」――。オーソドックススタイルのボクサーの場合、右足でマットを蹴りながら左ストレートを繰り出すというコーチングである。しかし、「蹴る」「踏み込む」という行為が、相手に「気配」を伝えることは言うまでもない。

では、踏み込みに予備動作のない左ストレートを放つには、どうしたらいいのか。

それには、右足で蹴るのではなく、左の骨盤で体を引っ張るという感覚が必要になってくるだろう。その動作に左ストレートを同化させるという身体の運用である。

また、右ストレート。これは、野球のバッティングに通じるところがある。第三章で説明したように、右ストレートを放つ際にも右半身を自由にするという意識が重要になってくる。その際、左膝に余裕を持たせ、左鼠蹊部の「折り畳み」動作を加えると、右腰がスムーズに回転し、強いパンチを放つことができるだろう。

「足が流れる」と強いパンチは打てないか

ボクシングではパンチを打ち終わったとき、後方の足がやや前に流れるという動きが多々見られる。

この特徴を持つボクサーに元世界スーパーウェルター級王者の輪島功一、元世界スーパーライト級王者の浜田剛史《つよし》、さらに元世界ミニマム級王者の星野啓太郎などがいた（写真20）。

彼らのこの動きに対しては、たびたび「後ろの足が前に流れるのは良くない」という評論家諸氏の批判の声が出た。理由は「本来の右ストレート（浜田はサウスポー）の体勢ではなく」、したがって「強いパンチが打てない」というものだ。さらに、相手と正対する〝間〟によって、反撃を受けやすくなるというのが、彼らの指摘するところである。

攻撃時における相手との正対は、確かに反撃という不利な状況を呼び込む。しかし、だからといって、彼らのスタイルが、「強いパンチを打てない」理由にはならないだろう。八〇パーセント以上のKO率を残した輪島が果たして非力と言えるのか。そのパンチの破壊力ゆえに自分の拳を四度も折った浜田。その数々の鮮烈なKO劇をどう説明したらいいのか。彼らが類希《たぐいまれ》なパンチ力の持ち主であることは、歴史が証明しているだろう。

にもかかわらず、評論家諸氏の多くは、いまだ「体幹に捻じりを入れる上肢、下肢の左右交互型のスタイル」が正しい右ストレートの打ち方だと信じている。

このことから見ても、「うねり系動作」への信奉、盲信ぶりが、いまだスポーツの世界に深く根を張っているのが分かるかもしれない。

写真20　右足が流れて、相手と正対する輪島功一(左)の右ストレート

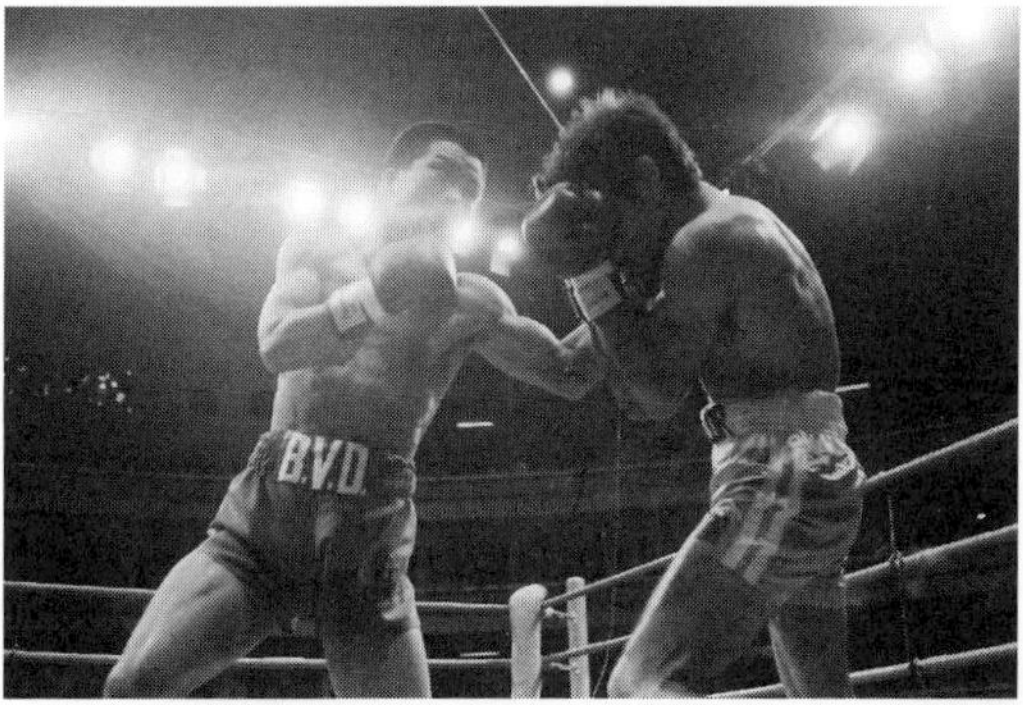

写真21　エディ直伝、柴田国明(左)の下から突き上げる左フック

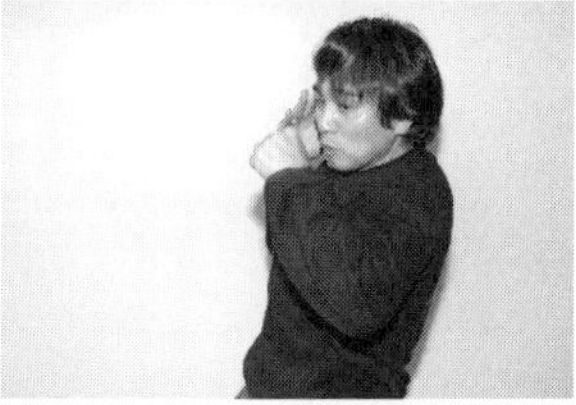

通常の左フック(左)はヒンジ運動的な打撃と言える。それに対して、エディ直伝の左フック(右)には予備動作がない

変則的な左フック

エディ・タウンゼント——。スーパーライト級の藤猛からミニマム級の井岡弘樹に至るまで六人の世界王者を育てた、いまは亡き伝説の名トレーナーである。

そのエディの教える左フックは、少々異質なものだった。「斜め下から突き上げるように打て」というものである。この変則的とも言える左フックを駆使したエディの教え子に、〝天才ハードパンチャー〟と呼ばれた柴田国明がいる。フェザー、スーパーフェザーの世界二階級制覇を成し遂げた彼の必殺パンチが、実はエディ直伝によるこの斜め下から突き上げる左フックだったのである（写真21）。

では、その威力の秘密とは何か。答えは「肋骨潰し」である。肋骨を左肩に引っ張られるように変形させることで、肋骨の突端部にできたエネルギーを、左肩へとダイレクトに伝えるというテクニックである。

一方、体をそのまま回転させる通常の左フックはどうか。平面的な横回転のエネルギーを利用したフックである。これは前述のヒンジ運動的な打撃と言い換えることができる。打つためにはどうしても反動が必要となり、しかも、タイミングが悪いと威力を標的に伝えることが困難になる。それに対して、エディ直伝の「下から突き上げる左フック」は、反動を必要としないばかりか、瞬時のエネルギーの伝達を可能にするだろう。

柴田がそのことを概念として理解していたかどうかは判然としない。だが、感覚としてとらえていたことは、彼の動きと破壊的なパンチ力からも明らかである。

〝天才〟と呼ばれた理由が、ここにもある。

3、バスケットボールの抜き技

ジョーダンに見る古武術的要素

「肋骨潰し」は、あらゆるスポーツパフォーマンスに応用することができる。

一つはバスケットの「抜き技」。写真22を見てもらいたい。これは、ディフェンスに背を向けた状態から体の左サイドを軸として使ったヒンジ運動による「抜き技」である。簡単に相手にブロックされてしまうのは、体が一方の側面を軸として半円を描いているため、通り抜けの幅を失っているからである。要するに、相手のマークがきつければきついほど、その隙間を縫って前に出るという動きが困難になってくる。さらに、一方の足を軸とするため、予備動作が生じる。その結果、「抜く」方向を相手に察知されやすい（144～145ページの「抜

写真22　体の左サイドを軸にしたヒンジ運動による「抜き技」（写真は動作の完了時点）。144～145ページの「抜き技」と比較してほしい

写真23　マイケル・ジョーダンのプレー

き技」を比較参照)。しかし当然のことながら、ほとんどの一流プレイヤーにこのヒンジ運動的な動きを見ることはできない。

元ＮＢＡのスーパースター、マイケル・ジョーダン(写真23)。彼のプレーにはまるで神隠しのようなシーンがあった。抜かれた相手が、しばしば抜かれた側とは逆の方向を見ているのである。

フェイントをかけているわけではない。抜く瞬間に「踏ん張る」「ためる」という予備動作がないのである。つまり、相手はジョーダンの動きの軌道が予想できず、気がつくと抜かれていた、ということになる。

しかも、ジョーダンの「抜き技」をよく観察してみると、顎の角度まで変えていることがあった。おそらく、変幻自在な動きの方向性のアシストとして、顎で体を「引っ張る」という要素を加えていたのだろう。だとすると、彼はやはり「神様」である。

だが、ジョーダンのようなプレーが凡人には困難でも、「抜き技」を容易にする古武術的な身体の運用法がある。肋骨と骨盤を同時に潰すという身体操作、すなわち、本著で何度も登場する「井桁崩し」の応用である。

図４の上は肉体を長方形に見立て、上から眺めたものである。それを潰すと、下のように

〈図4　井桁崩しの応用〉

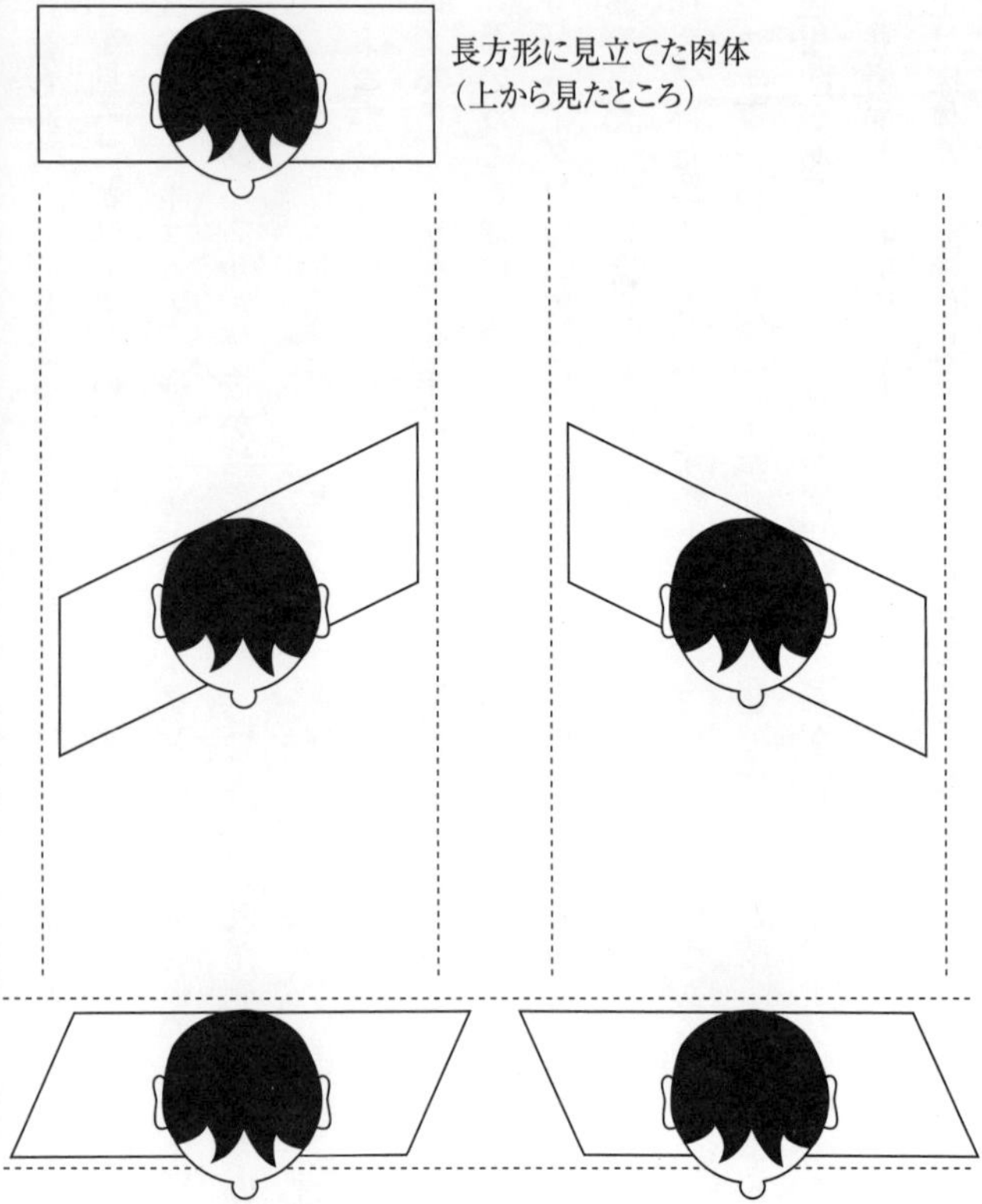

平行四辺形に潰すことで、縦幅、横幅が小さくなる

なり、全体として幅が小さくなるのが分かる。この狭められた幅を利用して、ヒンジ運動することなく、そのまま相手ブロックの隙間や密集地帯に切り込むのである。この肋骨と骨盤潰しの特徴は、一方の体の後ろ側面を前方へと送り出す（引っ張る）ことを容易にし、直線的な通りを可能にしてくれることである。第三章でも述べているように、伸ばした輪ゴムの一方を離したとき、その先端が直線的に前方に飛び出すのと同じような原理と言ってもいい（128〜129ページ）。

ただし、「抜く」ときに「蹴る」という動作は慎むべきである。足に主役をさせてはいけない。あくまでも、肋骨と骨盤に引っ張られるような動きが望ましいだろう。これは、「気配を消す」ための必須条件でもある。

野球への応用

「井桁崩し」を駆使したパフォーマンスは、もちろんバスケット以外の競技にも応用可能である。

たとえば、サッカーのドリブルやパスなど。

イタリアセリエA、パルマの中田英寿の動きは体の上下動が少なく、パスするときも最後

〈床を使った同じトレーニング〉

自分の手で肋骨や骨盤を潰してもいいし（上、中央）、人に手伝ってもらってもいい（下）

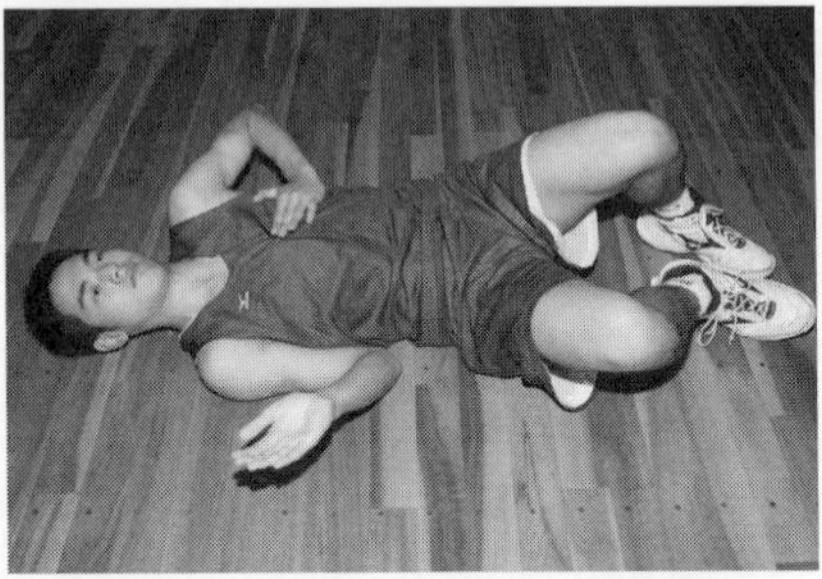

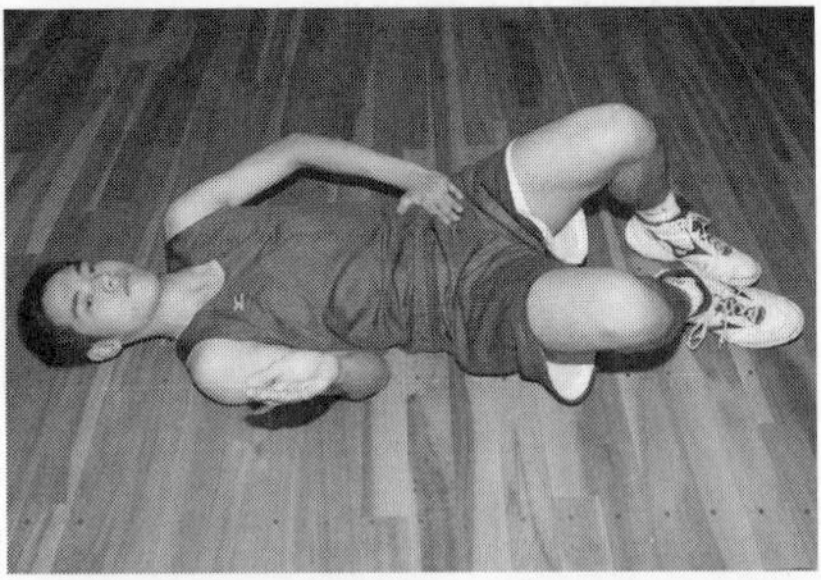

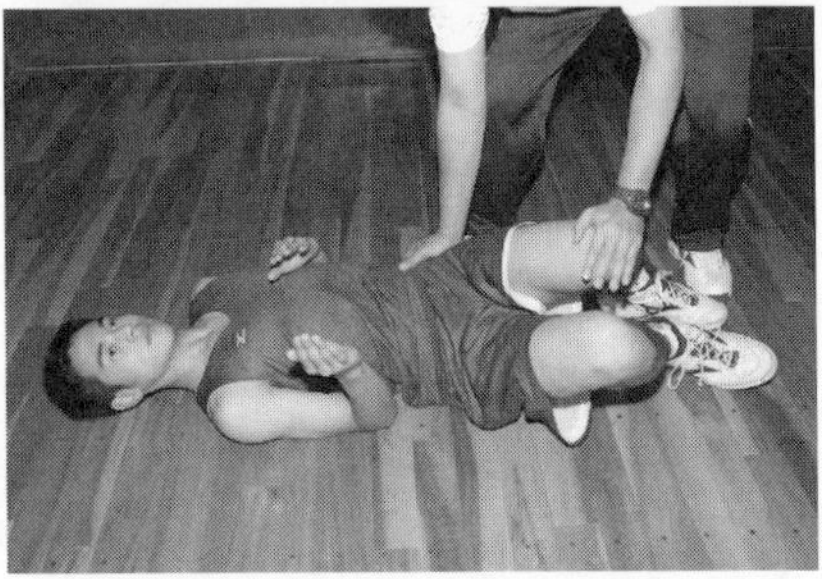

〈肋骨と骨盤を平行四辺形に潰すトレーニング〉

横から見ると、体の幅が小さくなっているのが分かる

（正面）

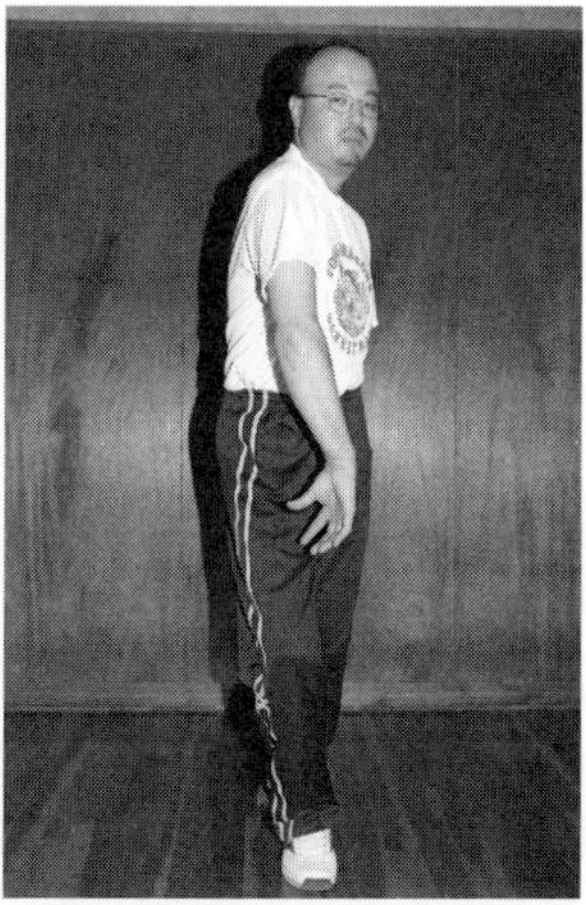

（横）

まで相手ディフェンスにその方向性を察知されないという特徴を持つ。シュートを放つときも体を反り返すなどの反動が少ない。おそらく、骨盤（左右の腸骨）の牽引によって初動を開始しているのだろう。そのため、「ため」や「うねり」がほとんどなく、「気配のない」動きが可能になっているのではないか。

気配を消す――。これは、野球のように攻守がイニングによって区別されているスポーツより、攻守の自由性、連続性を有するサッカーのようなスポーツに有効に働く。したがって、バスケットやサッカーだけでなく、ラグビーやアメフト、ハンドボールといった競技にも効力を発揮するだろう。

もっとも、野球にも応用できる要素がないわけではない。ベースランニングである。長打のときのベースランニングは、通常一塁ベースの手前で大きく膨らみ、ベースを蹴って二塁へ向かう。その際、一塁ベースの内側を左足で蹴らなければならない。これは蹴った後の慣性力をなるべく小さくするもので、ライト方向へと体が大きく膨らまないための走法ということになる。

しかし、この方法では〝膨らみ〟をなくすことは不可能である。慣性力を利用した走りである限り、〝膨らみ〟はどうしても付いて回るが、この〝膨らみ〟走行が直線的走行よりもタイム的にロスになるのは言うまでもない。ということは、〝膨らみ〟をより小さくすることが、二塁へと早く到達できる要素になるだろう。

そこで、提案である。前述のバスケットの「抜き技」を応用してはどうか。その際、まず心がけなければならないのは、ナンバ的な走行だろう。第二章で説明したように、体幹を捻じらない摺り足的な走り、すなわち「蹴る」「踏ん張る」「捻る」という要素を抑えたベースランニングである。

直角に曲がることは難しいが、この方法なら〝膨らみ〟を大幅に抑えることができるかもしれない（132ページ）。一塁ベースに触れるときは、肋骨と骨盤に引っ張られるように体を左方向に倒すという感覚が必要になる。触塁させるのは、左足ではなく右足ということになるが、ここでベースを蹴ってしまうと、すべてが台無しになるだろう。

鍵となるのは、右足から意識を逸らすことである。言葉を変えると、左半身を二塁方向へと飛ばすようにして、右足はただベース上に置くように通過させればいい。ベースに接してさえいれば、立派な触塁である。

ここで念を押したい。くどいようだが、方向を変えるために右足で踏ん張ったり、蹴ったりしてはいけない。右膝の故障に見舞われる恐れがあるからだ。そういう意味で、このベー

〈この動きを野球のベースランニングに応用できないだろうか?〉

①

②

③

④

⑤

⑥

スランニングは確実な身体操作をマスターした上で、慎重に取り組む必要があるだろう。

日常への応用

「井桁崩し」はスポーツだけの応用に留まるものではない。日常生活に取り入れることで、腰痛などの故障を予防することもできる。

「振り返る」という動作を例にとる。背後から呼ばれると、私たちは通常、体幹を捻るようにして振り返る。この動作が腸や胃に負担を与え、腰痛を引き起こす原因にもなる。

では、振り返る動作に「井桁崩し」を取り入れると、どうなるか。134ページのように、一方の膝を沈めながら骨盤と肋骨を平行四辺形に潰して、振り返ってもらいたい。ポイントとなるのは、本書で再三述べてきた股関節の折り畳み。すなわち、右回りに振り返るのならば、右の鼠蹊部を折り畳みながら行なうという身体の運用である。負担なく動作を完了させることができるだろう。

日常生活での応用の習慣化。これが、「井桁崩し」マスターへの近道と言えるかもしれない。

〈通常の体幹を捻った振り返り動作〉

①

②

〈一方の膝を沈め、骨盤と肋骨を平行四辺形に潰した振り返り動作〉

①

②

第五章　あたる、とる、ターンする

1、膝抜き

一瞬にして体を入れ替える

軸や支点による体面の入れ替え（方向転換）には、「うねり」や「捻じり」が生じやすい。固定的な支点（軸）がドミノ倒しのようなエネルギーの連鎖を生み出すからである。

だが、一瞬の体面入れ替えを可能にする身体技法がある。

「膝を抜く（外す）」という動作が、それである。

漠然と立っているとき、背後からふいに膝を押されるとどうなるだろうか。膝がカクンと抜け、尻餅をつくような格好になるだろう。「膝を抜く」とは、ちょうどそんな感覚である。

ターンを切りながらコブだらけの斜面を滑走するモーグル競技を思い出してほしい。「膝の抜き」によって、瞬間的な体勢の入れ替えを行ない、ターンを容易にしているのが理解できるだろう。

138〜139ページはパスを受け取ってからドリブルに入るまでのバスケットの一般的な動きである。動作がそれぞれ独立し、全体の流れが淀んでいることが分かる。予備動作を伴ったプレーということになるだろう。

一方、140ページのほうは、膝を抜いて宙に浮くその間隙の中で、体勢を瞬時に入れ替えている。ドリブルに入るためのすべての動作を、たった一つの動きで完了させており、プレーが滞ることなく流れている。

桐朋高校のバスケット部では、この「膝抜き」を、パスを受け取るときやパス繋ぎに応用している。そういう意味で、ハンドボールやラグビー、野球の守備においても、「膝抜き」は迅速なプレーの土壌となりうるだろう。

141ページの上と下の写真を比較してもらいたい。いずれも二塁手が遊撃手へとボールを転送する併殺プレーの初期動作だが、上は飛び跳ねることで体の入れ替えを行なっている。一方、下は「膝抜き」によるわずかな落下過程で、体を入れ替え、送球している。迅速さにおいて、後者が優っているのは言うまでもない。

この「膝抜き」の身体技法は、併殺プレー以外にも、中継プレー（カットプレー）に活かせるが、もう一つのプレーにも応用することができるだろう。

牽制球《けんせいきゅう》である。

巨人軍の桑田真澄が甲野善紀氏に初めて教えを請うたのは、二〇〇〇年の春のことである。このとき甲野氏が披露したのが、抜刀術をアレンジした牽制球の模擬動作だった。

「イチ、ニイ、サンの動作をイチだけで完了させる牽制球です」と、甲野氏は言っている。

「つまり、支点を消すことで体を宙に浮かせ、予備動作をなくすことです。具体的には膝を抜いて、カクンと尻餅をつくような格好ですね。で、細かく割った肉体の各部分を一斉に一塁方向に向けて投げるわけです」

この牽制球が走者に察知されにくいのは、肉体各部位の力の方向が複雑になることで、動きの形態の予想が困難になるからである。

一方、通常の牽制球は、右投手ならまず左足の先を一塁方向に向けて、次に体をうねらせるように一塁へ投げるというスタイルである。この動作には「ため」が否応なく派生し、一塁走者の帰塁を容易にしてしまうというマイナス点がある。

甲野氏が桑田に見せたのは、うねりという〝遊び〟を体内からなくしたものである。簡単

③

④

⑤

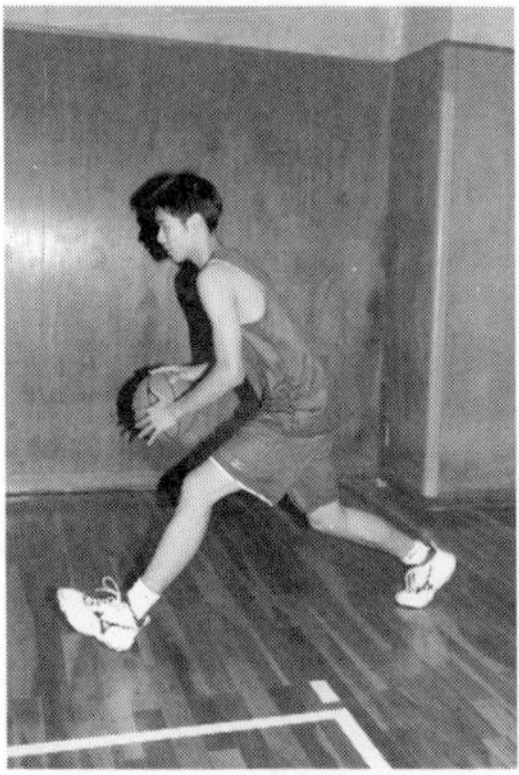

⑥

〈パスからドリブルへと移行する通常の動き〉

①

②

⑦

〈膝を抜いて、宙に浮いている間にパスからドリブルに入る動作を完了〉

①

②

③

④

〈飛び跳ねて体を入れ替える〉

①

②

③

〈膝を抜くように体を入れ替える〉

①

②

③

に言うと、体全体の向きを同時に一塁へと変える動作だが、「体を割る」という感覚を養わなければうまくいくものではない。

しかし、「膝を抜く」ような感覚で、従来の牽制動作を楽にすることはできるだろう。無重力状態を瞬間的に作ることで、「ため」や身体各部の「癒着」を解放させ、体の方向転換を一気に図るという方法である。

この際、意識は股関節に向けるべきである。つまり、右投手なら、左股関節を一塁方向へと飛ばす（引っ張る）ような感覚が必要になってくるだろう。

多少の捻じれはしかたがないが、これによって、気配の少ないスピーディな牽制球が可能になるはずである。

膝抜きと肋骨潰しを併用した抜き技

桐朋高校バスケット部では、ある要素を「膝抜き」に加えることによって、他では見られない「抜き技」を可能にしている。

「肋骨潰し」を加味することである。つまり、膝を「抜く」と同時に、肋骨を潰すように「落下」させて、相手ディフェンスの前に出るというプレーである（144〜145ページ）。いわば、落下エネルギーをそのまま前進力（突破力）へと転化するという戦法だが、この際の注意事項としては反動をつけて肋骨を「落下」させるのではなく、あくまでも重力の利用で瞬時に沈ませるということになるだろう。

一方、バスケットには相手の持つボールを片手で「叩き」落とすディフェンスプレーがある。この場合、肘や肩を支点とした「ヒンジ運動」を使うと、動作を読まれてしまい、ボールを奪い取ることが難しくなる。しかも、失敗すると体勢を大きく崩してしまい、次のプレーに移るまで時間がかかる（146〜147ページ）。

では、気配を見せることなく、ボールを叩き落とすためにはどうしたらいいのか。実はここでも「膝抜き」と「肋骨潰し」の併用が求められる。膝抜きと肋骨潰しによる「落下エネルギー」を手に乗せながら、相手ボールを叩き落とすという方法である。この身体操作は、剣道の面打ちや籠手《こて》打ちにも応用できるだろう。

「瞬時にして力強く」――という意味において、かなり有効な技と言える。

③

④

⑤

⑥

〈膝抜きと肋骨潰しを併用した抜き技〉

124ページの写真22と比べてほしい

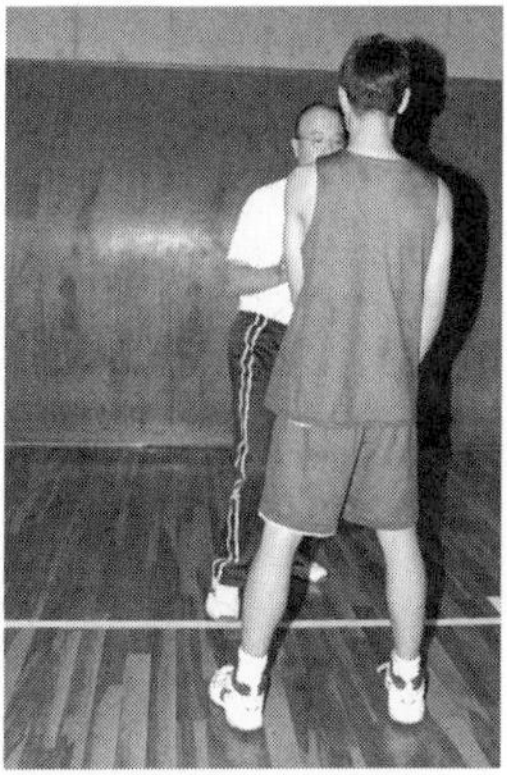

①

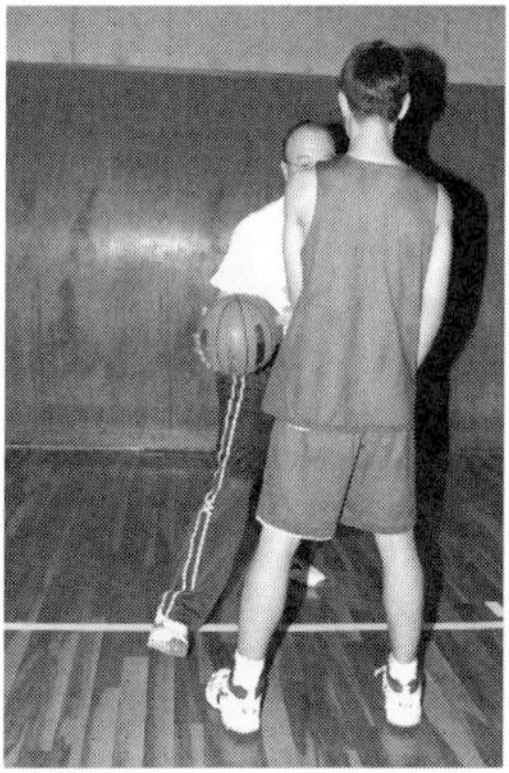

②

⑧

⑦

③

④

③

④

〈膝抜きと肋骨潰しを併用して、ボールを叩き落とす〉

予備動作がないため、相手はいつくるか予測がつきにくい

①

②

〈ヒンジ運動でボールを叩き落とす〉

振りかぶるという予備動作があるため、相手に動きを読まれやすい。おまけに、失敗すると体勢を大きく崩してしまう

①

②

2、あたる

「膝抜き」による落下エネルギー。実はこれが強い力を生むことはそれほど知られていない。パートナーの協力のもと、次のことを試してもらいたい。一人がもう一人にタックルするのだが、まず、タックルを受ける側は、両足を踏ん張りその衝撃に対処してほしい。どうなったか。衝撃に対処できず、円を描くように撥ね飛ばされているはずである。

では、今度はタックルを受ける瞬間、膝を抜いて宙に浮いてみる。すると、体勢が崩れることなく、わずかに体が後方に移動しただけで済んだはずだ（150〜151ページ）。衝撃エネルギーが体に吸収された後、空中に分散したためである。

この身体の運用によって、様々なチャージに対処することができるだろう。アメフトやラグビー、ハンドボールなどに見られるコンタクトプレーに特に有効と思われるが、野球の本塁クロスプレーへの対処にも役立つかもしれない。

走者との激突の際、多くの捕手の身の処し方は、ロッキングチェアが揺れるように背中を丸くして後方に倒れるというものである。実際、プロ野球でも多くの捕手が、同様にして身の安全を図ってきた。だが、この方法だと場合によっては後頭部を強打する危険性がある。

そこで、「膝抜き」による浮遊体勢を取り入れてはどうか。後方に倒れることなく、相手の衝撃を吸収できるかもしれない。

③

④

③

④

膝を抜いてタックルを受ければ衝撃を吸収できるが――、

①

②

両足を踏ん張ると撥ね飛ばされてしまう

①

②

3、とる

球技には「とる」動作がつきものである。

野球やバスケット、ハンドボール、バレーボール、ラグビーなどだが、足を主役とするサッカーも、パスを受ける行為において、ある意味「とる」を実践しなければならない。

この「とる」という行為においては、「運動エネルギーの吸収」が不可欠である。「吸収させる」ことを怠った場合、肉体がエネルギーの反発を受けるからである。

たとえば、バスケットボール。パスを受ける際、腕を固めた状態でキャッチングするとどうなるか。あるいは、両腕を縮めるように折り畳んだ状態でのキャッチングはどうか。パスの衝撃をまともに掌で受ける格好になり、そのエネルギーを吸収させようと、無意識に体をのけ反らせてしまう（154ページ）。そうなると、迅速なプレーが遮断されるだけでなく、相手チームにボールを支配されるという事態にも陥るだろう。

野球のキャッチングも同様である。最近のグラブは吸収性に優れており、昔のグラブに比べてキャッチングが容易になったが、それでも強い打球に対しては吸収動作を加える必要がある。

しかし、連携プレーなどの素早い動きにおいて、吸収性をうまく連動させるのは容易なことではない。そのため、多くのプレイヤーが地面を蹴るようにして宙に跳ぶ。吸収性を得ることと体勢の入れ替えを同時に行なうためだが、その代償として迅速さが犠牲になることが多々ある。

これを解決するのが、「膝抜き」である。つまり、膝抜きを行なうことによってボールの衝撃を吸収し、同時に体勢の入れ替えを完了してしまうのである。この「膝抜き」による衝撃の吸収は、バスケットボールや野球だけでなく、あらゆる球技に活用できるだろう（155ページ）。

くどいようだが、蹴って跳んではいけない。膝を「抜く」のである。すなわち、重力の利用がここでは重要ポイントとなってくるだろう。

腕を縮めてボールを受ければ、衝撃でのけ反ってしまうし──、

①

②

腕を使えば吸収できるが、時間がかかるし、スペースも必要

①

②

キャッチングの瞬間に膝を抜けば、衝撃を吸収できるだけでなく、次の動作にも移りやすい

①

②

③

4、ターンする

「シャトルラン」（往復ダッシュ）と呼ばれるトレーニングがある。従来のやり方は、一方の足で急激なブレーキをかけ、逆方向への転換を試みるというものである（157ページ）。しかし、この方法は足腰に過度の負荷を与える。それだけではない。「踏ん張る」ことで体の「ため」が生まれ、次の動作を大幅に遅らせてしまうという欠点も持つ。

野球やバスケット、ラグビー、サッカーなど素早い対応を求められるスポーツにおいて、この「踏ん張る」「ためる」という動作が、スムーズな動きを阻害することは、これまで何度も説明してきた通りである。

つまるところ、「シャトルラン」の意図するものとは、前進エネルギーをいかに他の方向へ転化するかという、ただその一点に向けられている。

たとえば競泳のターンは、反射板を利用することで、前進エネルギーの逆方向への変換を容易にすることができる。一方、反射板を利用できない他の競技になると、スムーズな逆方向への切り返しが困難になり、筋力への依存という問題を生じさせてしまうだろう。いわば、

〈通常のターン〉

一方の足で急激なブレーキをかけ、踏ん張ってターンする

①

②

③

④

肉体の局部に主役をさせてしまうことであり、これが故障を誘発する原因にもなる。

では、どうしたらいいのか。

方法論の一つは、宙で体を入れ替えることである。すなわち、走ってきたエネルギーを空中で一端集約し、次に床を反射板代わりにすることで、逆走エネルギーへと変換してしまうという方法である（159ページ）。

野球の守備では内野手が逆シングルで捕球し、他の塁へ送球するプレーがよく見られる。しかし、「踏ん張り」動作による送球では、「肩投げ」にならざるを得なく、したがって送球におけるスピーディさと正確さが損なわれることになる（160ページ）。

それに対して、メジャーリーガー、特に一流ショートストッパーが逆シングルからの送球でたびたび見せているのが、前記した空中での体の入れ替えであり、「膝抜き」による体の差し替え動作である。

一方、桐朋高校バスケット部では、独特なターンを編み出している。

先のほうに一本の木があるとする。そちらの方向へダッシュして方向転換する場合、その木によって、走ってきたエネルギーを方向転換することができるだろう。いずれか一方の手

〈宙で体を入れ替え、床を反射板代わりにターン〉

①

②

③

④

⑤

⑥

〈逆シングル捕球からの「投げ」〉

踏ん張ると肩投げになり、スピーディさと正確さが損なわれる

①

②

③

空中で体を入れ替えれば、スピーディなスローイングが可能

①

②

③

で木を掴み、遠心力を利用して体を回転させるのである。

同バスケット部のターンは、それを応用したものだ。つまり、自分の片足を一本の木と見なして、ターン（回転）を開始するというものである（162〜163ページ）。その際、左回りの場合は左肩を後方に引っ張るようにして、ターンをアシストしなければならない。

桐朋流ターンは、他にもある。反射板の代用として、床を利用するという方法である。これは、先に書いた方法とはやや異なり、尻餅をつくように体を反対方向へと倒しながら、片手を床に添えて逆走エネルギーを作り出してしまうという方法である。あるいは、膝を抜いて体を入れ替えながら、片手を床に添えると言い換えてもいいかもしれない（164〜165ページ）。

これによって、切り替え動作がより鋭利になり、次の動作への移行もまた、よりスピーディになるだろう。バスケットだけでなく、ラグビーやサッカーにも活かしたい身体操作である。

③

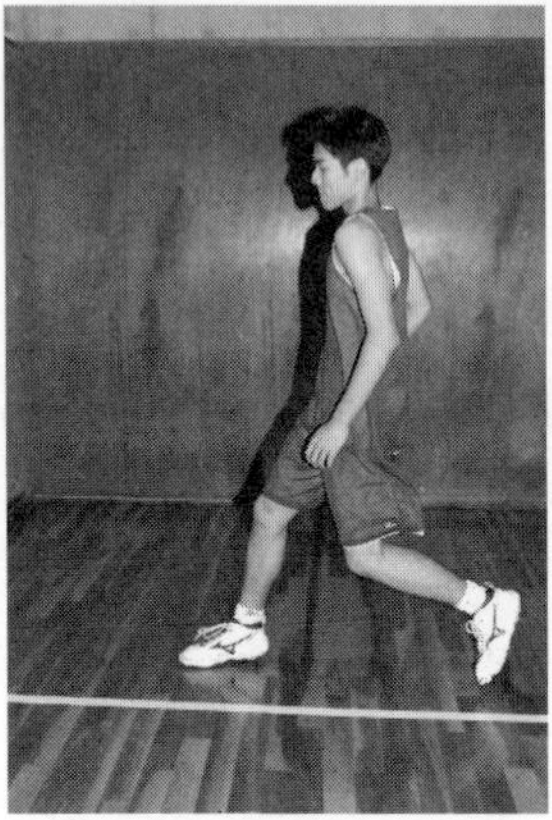

④

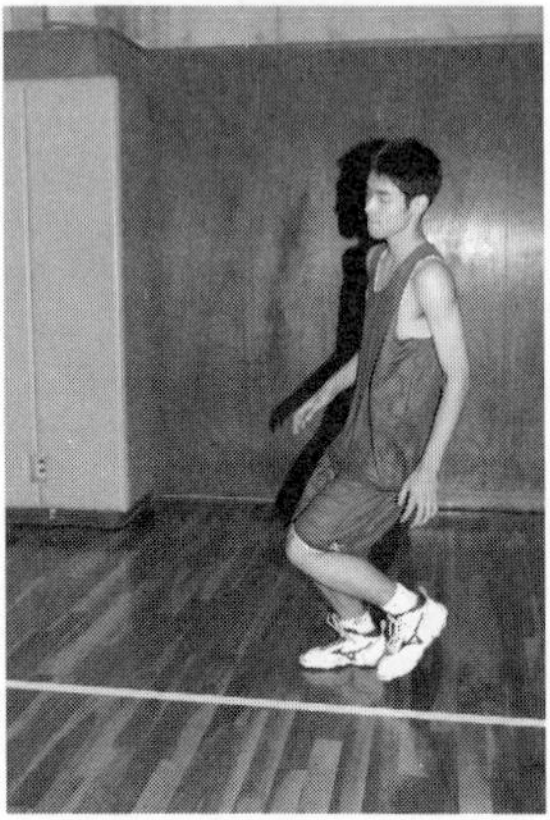

⑤

⑥

〈桐朋流ターン①〉

自分の足を木に見立て、スピードを殺さずにクルッとターンする。もちろん走りはナンバ走り

①

②

⑧

⑦

③

④

⑤

⑥

〈桐朋流ターン②〉

膝を抜いて体を入れ替え、床に片手を添える

①

②

⑦

第六章　跳ぶ

1、「引っ張る」意識

スチュワーデスの歩き方

日本にはかつて世界を席捲《せっけん》した二人の跳躍選手が存在した。三段跳びの織田幹雄（写真24）と南部忠平（写真25）である。織田が五輪で日本人初となる金メダルを獲得したのは、一九二八年のアムステルダム大会。その四年後のロサンゼルス五輪では、早大の後輩である南部が世界記録を樹立して金メダリストに輝いた。

特に南部は三一年、走幅跳びの世界記録も樹立している。跳躍競技が日本のお家芸と呼ばれた背景には、この両雄の奮闘があった。

当然ながら他国の選手は織田と南部を目標とし、そのフォームの研究に没頭する。二人とのも体格に恵まれているわけではない。それなのに、どうして、世界のトップに君臨できたのか。

世界の跳躍アスリートの多くが目をつけた二人の特徴があった。織田、南部共に膝を突っ張って蹴っているが、そこから生まれたエネルギーを補助するように、もう一方の足を前方に牽引《けんいん》する動きを見せていたことである。蹴った後に「引っ張る」。しかも、跳躍中の体の捻じりやうねりがない。

これらの要素が世界との体格差を埋めて、なお余りある成果をもたらしていた。これに気がついた他国の選手が、フォーム改造に取り組んだのは言うまでもない。

一方、日本のスポーツ界は、織田と南部の活躍にどんな理由を見いだしたのか。一種こじつけとも言える意味づけだが、およそ以下のような説が残っている。

日本は畳文化である。農業も盛んだし、トイレは和式。座ったり、立ったりするだけでなく、他の日常生活においてもしゃがみ込む機会が諸外国に比べてはるかに多い。要するに「膝を曲げる」という生活習慣が、足腰を知らず知らず強化し、跳躍力を養成しているのだろう。織田、南部が跳躍力において世界を凌駕《りょうが》したのも、より深く膝を折り曲げ、その反力を利用したからに違いない……云々。

写真24　織田幹雄

写真25　南部忠平。織田、南部とも、「引っ張る」足に跳躍の秘密があった

こうして日本の跳躍界には、「引っ張る」という要素を軽視した、「膝を曲げて大地からの反力を得る」、あるいは「深く沈んで蹴る」という指導概念が広く浸透していくようになる。しかも、このコーチングは、跳躍種目のみならず、他の競技指導にも波及していった。いまやタブー視される「ウサギ跳び」が、足腰を鍛えるトレーニングとして重宝された背景も、ここにあるのかもしれない。

しかし、やがてこれらの指導を疑問視する声が多々上がるようになる。その声の一人が同種目のメキシコ五輪三段跳び代表の村木征人だった。

きっかけを提供したのは、飛行機の中である。

ある日、機上の人となった村木は、スチュワーデスの歩く姿を見て妙なことに気がついた。足から歩くのではなく、腰から歩を進めているのである。その動作をよく観察していると、彼女たちは右足を出すときに右腰でリードするように、左足を出すときは左腰でリードするように歩いていた。踏ん張ることを放棄した滑るような歩きである。膝を深く折り曲げることもない。飛行中の機内という足場の不安定な環境が、そのような独特の歩き方を生み出したのだろう。

村木に閃《ひらめ》くものがあった。膝や足裏だけに主役をさせるのではなく、骨盤による牽引動

〈腰から歩を進める〉

左足を出すときは左腰が、右足を出すときは右腰がリードする

① ②

写真26　スキージャンプの踏み切り。上体を引っ張るようにして、前方へ放り投げる

作も主役の座に加えようという跳躍への閃きである。

村木のジャンパーとしての能力は、この発見を機にさらに開花した。彼が到達できずに喘いでいた一七メートルラインを超えることができたのは、それからまもなくだったという。

2、予備動作のない跳び方

投げた石に引っ張られる感覚

「引っ張られるようにして跳ぶ」形が顕著に出ているのがハイジャンプである。背面跳びの一連の動きを見ると、回り込むことによって腰が自然と沈み込み、踏み切り時には膝を突っ張るようにして地面を蹴っている。その際、両腕で体を引っ張るようにして上への推進力を得ていることが分かる。

また、ノルディックスキーのジャンプ競技。このサッツ（踏み切り）動作には、「蹴る」というよりも、上体を引っ張るようにして前方に放り投げるという特徴がある（写真26）。

もっとも、スポーツにおける「跳ぶ」という行為には、このハイジャンプやスキージャンプのように高さや距離を争うものもあれば、パフォーマンスとしての高さやスピードを求めるためのものもある。

その一つがバスケットのランニングシュートである。求められるのはスピードと高さだ。しかし、三段跳びや幅跳びのような大きな予備動作を加えると、相手に次の動きを見破られてしまうという弊害が生じる。リバウンドを奪うときも同じだが、とどのつまり「いかに動作を察知されず高く跳ぶか」が、ここでは重要なポイントになってくるだろう。この場合も「引っ張られる」という感覚が有利に働く。跳躍競技の一部に見られるような「ためて蹴る」という動作は、なるべく消さなければならない。

たとえば、前方に「跳ぶ」ときは、左右いずれかの膝を飛ばすようにして、体を牽引する。上に「跳ぶ」ときは、左右いずれかの腕、特に手首に引っ張られるという感覚がベストだろう。横に「跳ぶ」場合は膝と肘に引っ張ってもらう（175～179ページ）。

ロープに巻き付けた石を自分の胴体に括《くく》り、放り投げる。それに体が抵抗なく引っ張られるという感覚に近いかもしれない。

また、後方に飛びのく、あるいは後方に移動するときは、「膝を抜いて」尻餅をつくようにすると、よりスピーディに動作を完了させることができる（180ページ）。先に書いた牽制球の「膝抜き」にも通じるものがあるが、この後方への移動方法はボクシングや空手などにおける直線的な防御にも使えるかもしれない。

回転跳び

余談だが、かつてのある時期、走り幅跳びで「回転跳び」と呼ばれる妙な跳躍が流行《はや》りかけたという。

踏み切りと同時に飛び込み前転のごとく体を投げ出すと、空中で手をつくように一回転して、両足から着地するといった跳躍である。

この一見珍奇な跳躍は、好記録を連発させた。その理由の一つは、両足からの着地の際、慣性力の働きによって臀部が砂に触れることなく、自然に前方へと流れることにある。記録は七メートルを超えたという。

従来の跳躍では、臀部をいかに砂に接触させないかが鍵となり、ときにはそれがうまくいかず、記録を大幅に縮小させてしまうことがある。

その点、このアクロバット的な「回転跳び」は、飛び出しのタイミングと方向性さえマッチングすれば、臀部を気にすることなくスムーズな跳躍が可能になる。

ただし、問題がないわけではない。跳躍のできる選手が限られていたことである。無理も

〈膝を飛ばすようにして前方に跳ぶ〉

膝に引っ張られるような感覚で

①

②

〈通常の跳び方〉

地面を蹴ることで、ためが生まれてしまう

①

②

〈反動をつける通常の跳び方〉

次の動きを見破られやすいのが分かるだろう

①

②

③

④

〈反動をつけずに、手首に引っ張られるように跳ぶ〉

相手に動きを見破られにくい

①

②

④

③

〈通常の跳び方〉

予備動作が生じてしまう

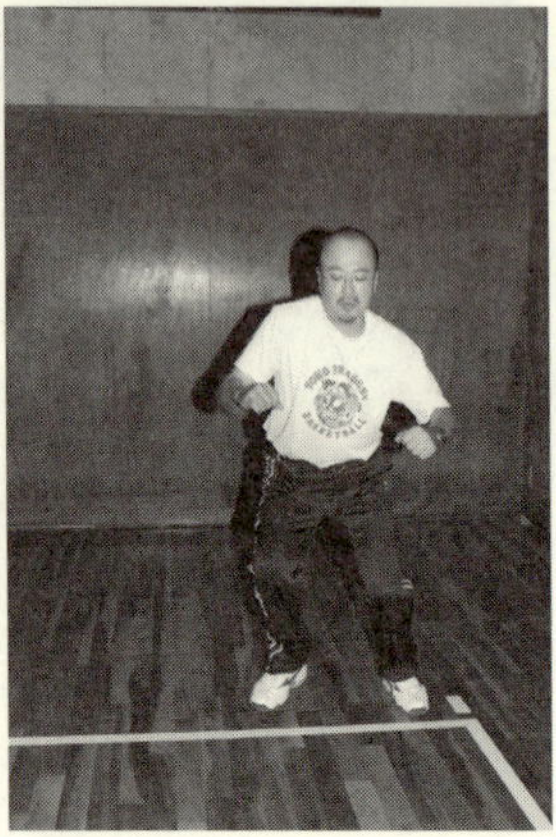

①

②

③

④

〈膝と肘に引っ張ってもらうように横に跳ぶ〉

反動をつけるような沈み込み動作は見られない

①

②

③

④

〈地面を蹴って跳ぼうとすると、予備動作が生じる〉

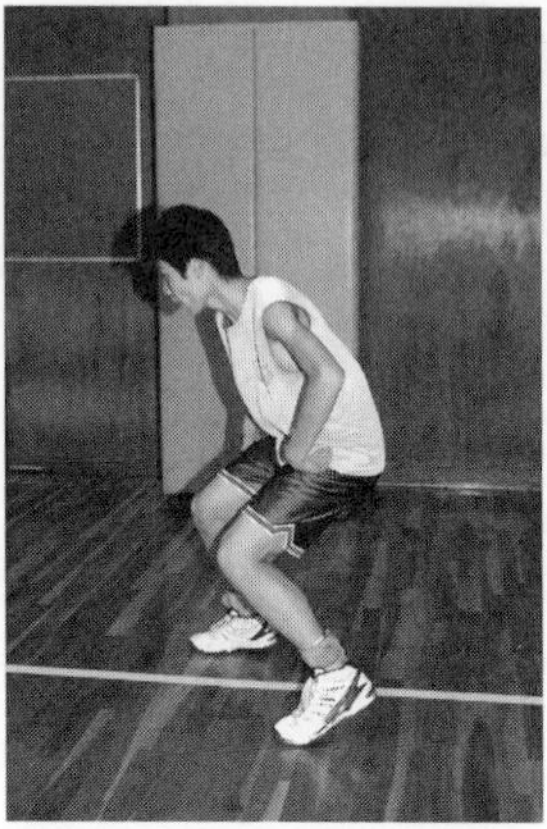

①

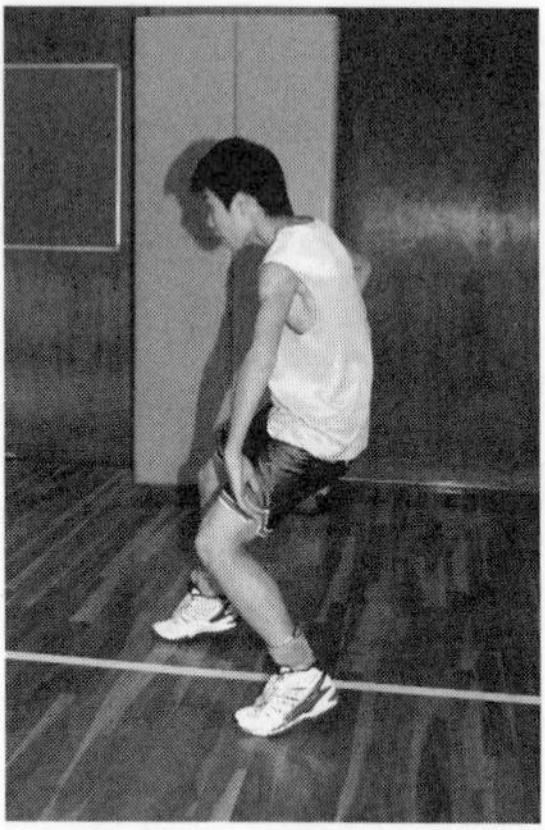

②

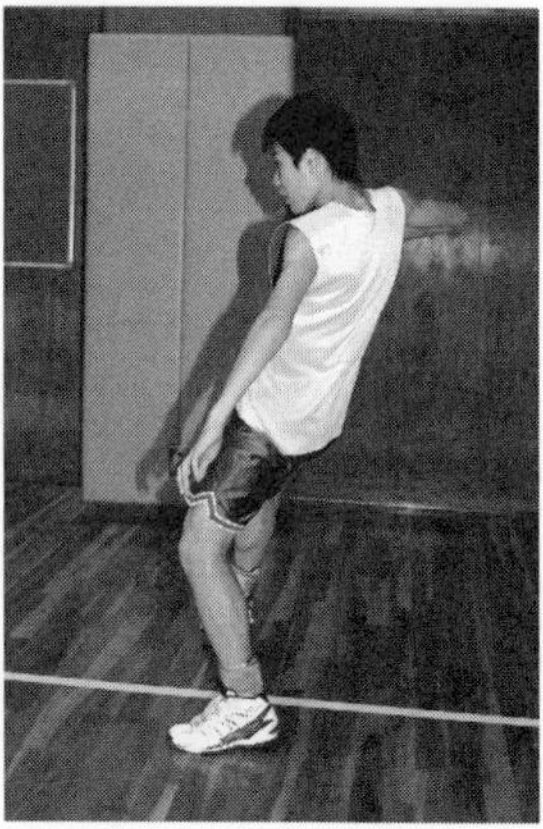

③

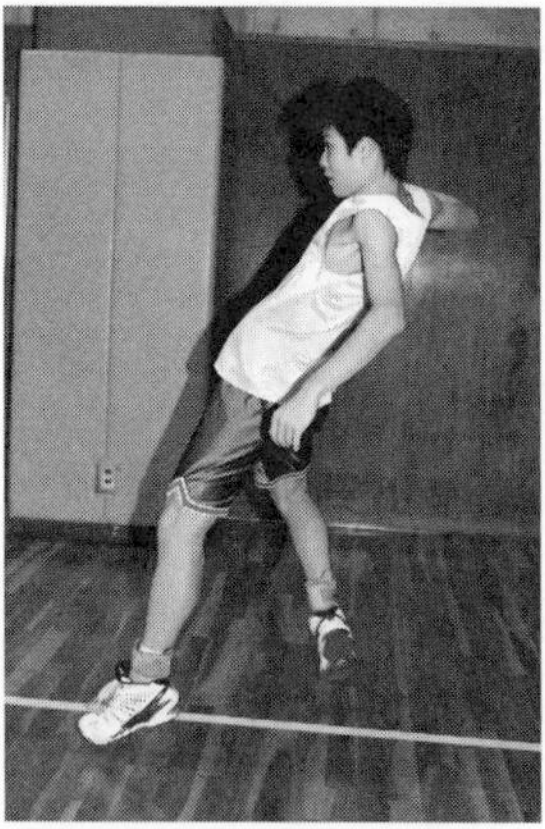

④

〈膝を抜いて、尻餅をつくようにして素早く後方に移動〉

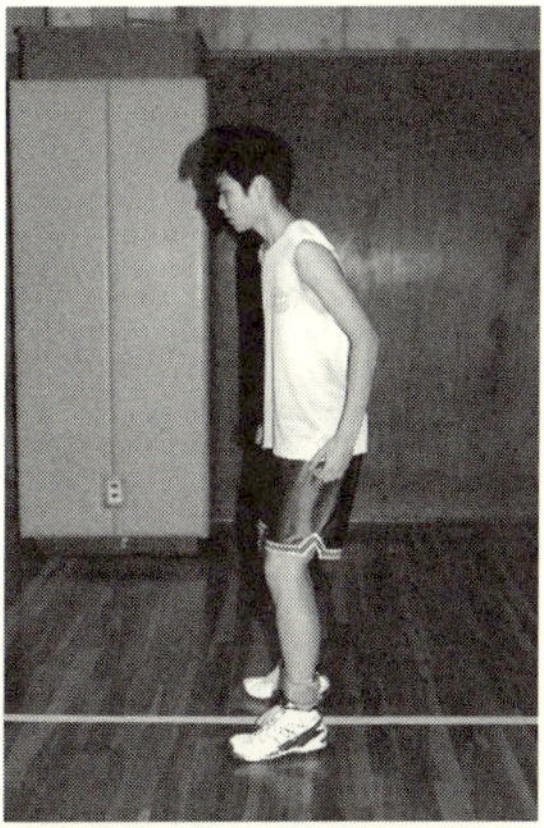

①

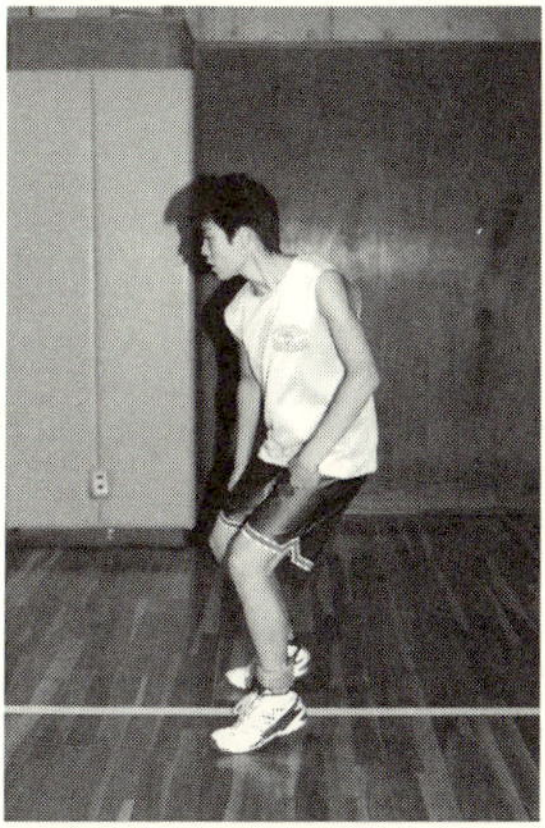

②

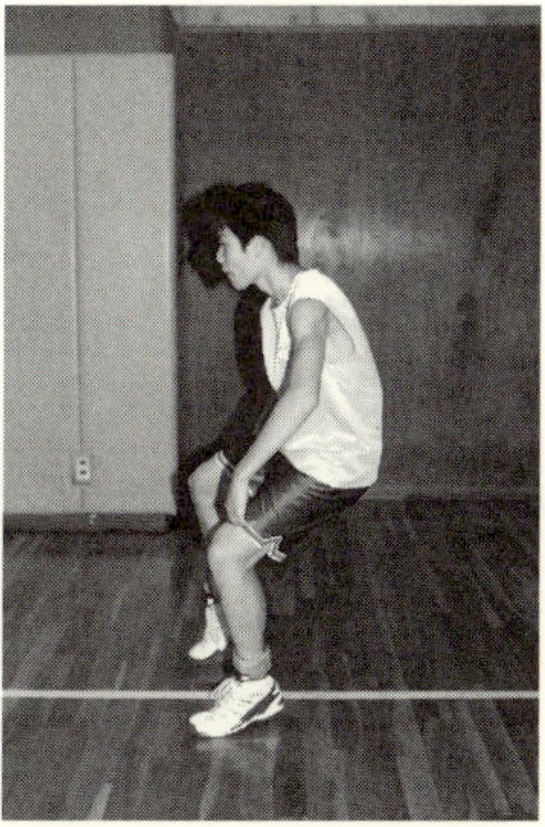

③

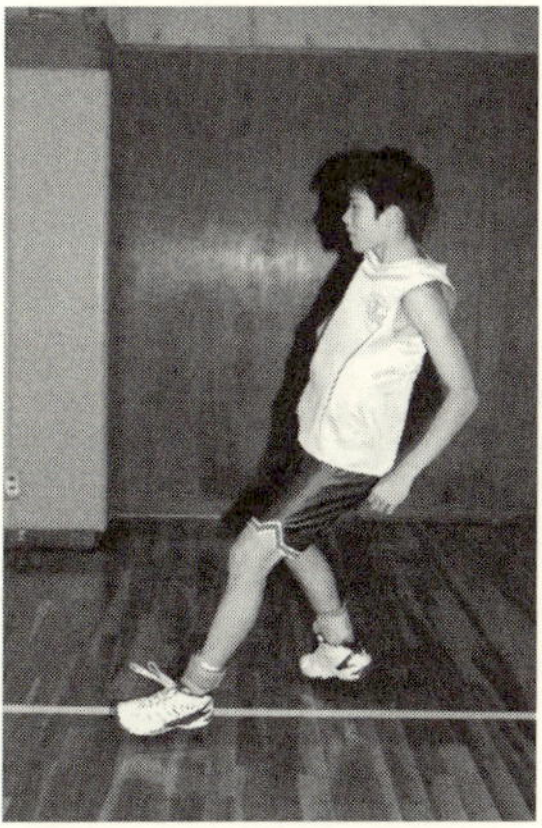

④

ない。体操選手なみの身体感覚がなければ可能な跳躍ではなく、したがって普通の選手になると、頭から落下するといった危険性がつねに付いて回る。

あえない結末だった。好記録を連発させた「回転跳び」は、危険という理由で、オリンピックの檜舞台に登場することなく、世の中から〝抹殺〟されてしまったのである。

「井桁崩し」の応用

さて、先に「井桁崩し」の応用の数々を書いた。これが「抜き技」「あたる」「打つ」「殴る」といった動作に有効であることも説明したが、もう一つ意外な効用がある。「跳ぶ」という動作への応用である。

桐朋高校のバスケット部では、かつて空中戦を駆使したことがあった。ドリブルによるパスの繋ぎではなく、空中で切れ目のないパスを行なうという戦法である。ドリブル突破よりもパスのほうが「早くボールを移動させることができる」という考えに基づいたものだが、空中でのパス姿勢が体幹の捻じれを伴ったものであれば、その方向性を簡単に見破られてしまうだろう。空中パスの通常の形態は、まさにこれである。

そこで、「井桁崩し」の登場である。つまり、手首に引っ張られるように跳びながら、肋

〈「井桁崩し」を使った空中でのパス〉

気配を見せないので、パスの方向を見破られにくい

どうやって「井桁崩し」を使っているのか?

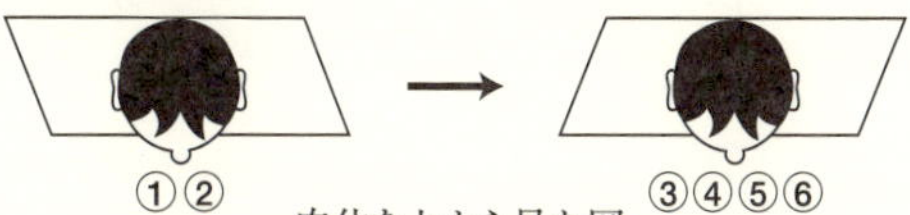

①②　③④⑤⑥

肉体を上から見た図

骨を瞬時に潰すという身体の操作だが、これによってもたらされる効果は、まず空中での体勢が安定するということである。さらに、「潰す」形状によって、空中での体勢の変化が容易になり、気配のない様々な方向へのパスが可能になる（183ページ）。肋骨にできた複数の支点の方向性が複雑になることによって、相手が次の動作を察知できなくなるからである。

空中パスの際は、第五章でも述べているように、「落下」エネルギーを利用するとより効果的だろう。長距離パスはさすがに困難だが、相手に動きを察知されにくいという意味で、ぜひ覚えてもらいたい〝技〟である。

第七章　立つ、座る

1、体に優しい身体技法

日本人に染みついた「軍隊式直立」

両肩を引いて胸を張り、全身を硬直させるようにして立ってみてほしい（187ページ）。両足は閉じる。顎は引いて、両肩は怒り肩。さらに、両腕を体の側面で伸ばす。いわゆる軍隊式の直立である。

読者の中にもこの軍隊式直立を学校の体育授業などでやらされた人がいるはずだ。「起立！」「休め！」の号令に従って、直立姿勢をとらされた読者も多いだろう。

だが果たして、この軍隊式直立が、効率の良い直立姿勢なのか。これは明らかに疲れる姿勢である。教師や教官が「休め！」の号令をかけるぐらいなので、おそらくやらせるほうも、疲れる姿勢であることは承知しているのだろう。

何が疲れるのか。第一に体全体が緊張していることにある。第二に胸の張りと一緒に両肩が後ろで固まっていることにある。第三に体勢が反り返り、したがって踵《かかと》に体重を乗せた格好になることだろう。そうなると、骨盤が後傾し、上半身の体勢を維持することがきつくなる。

しかし、軍隊式のこの直立形態は、いまもなおその痕跡を残している。本著執筆陣の矢野が、ある授業で生徒に「楽な姿勢」で立つよう要請したことがあった。ところが、伝統、教育とは、そのDNAを後世に受け継がせるものなのか。多くの生徒が、肩を張り、上体をややのけ反らせ、しかも、両足をピタリと閉じているのである。

「楽な立ち方」とは、まず両足が少しだけ開いていなければならない。次に両肩が少し前に出て、力が抜けている状態であるべきだ。その際、体重は爪先方向へと少しだけかかる。そうすると、骨盤が前傾し、上半身を楽に維持することができるようになる。

ただし、両肩を前に出すとはいえ、首まで前に突き出すと、背中と首回りが緊張し、重心も必要以上に前にかかる。実際、そういう形が目立つが、首はやはり背筋に沿って真っ直ぐ立てたほうが楽だろう。言い換えれば、頭髪を真上に引っ張られるような感覚である。

〈軍隊式直立〉

体全体が緊張していて、非常に疲れる姿勢である

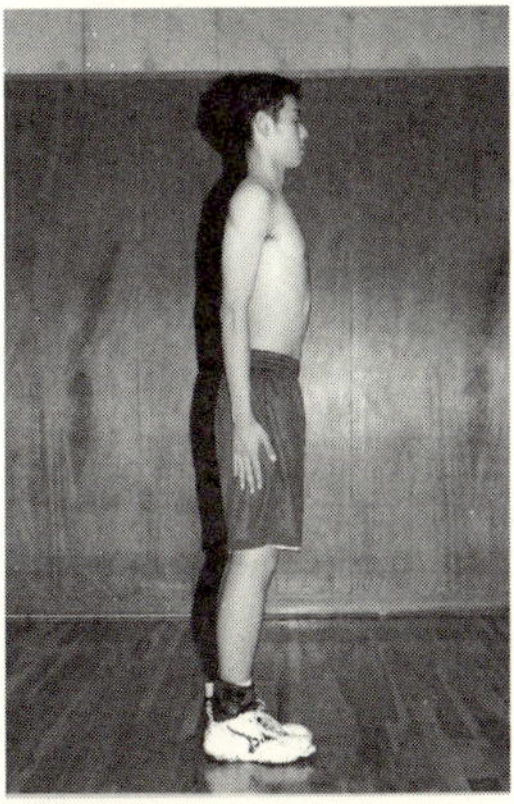

（横）

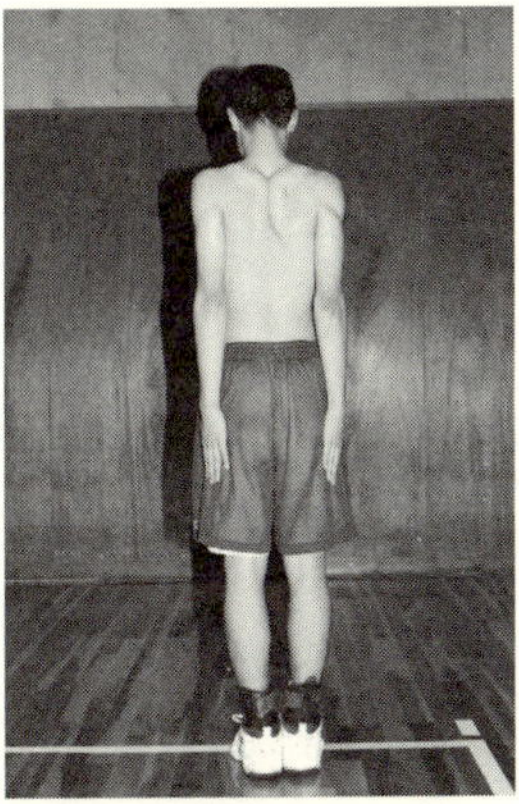

（後）

楽な立ち方

体に優しい身体操作こそが、いま求められている

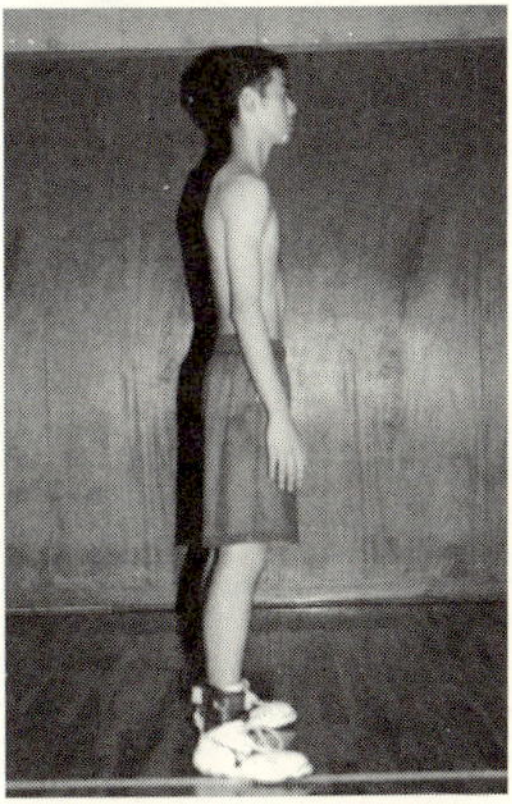

（横）

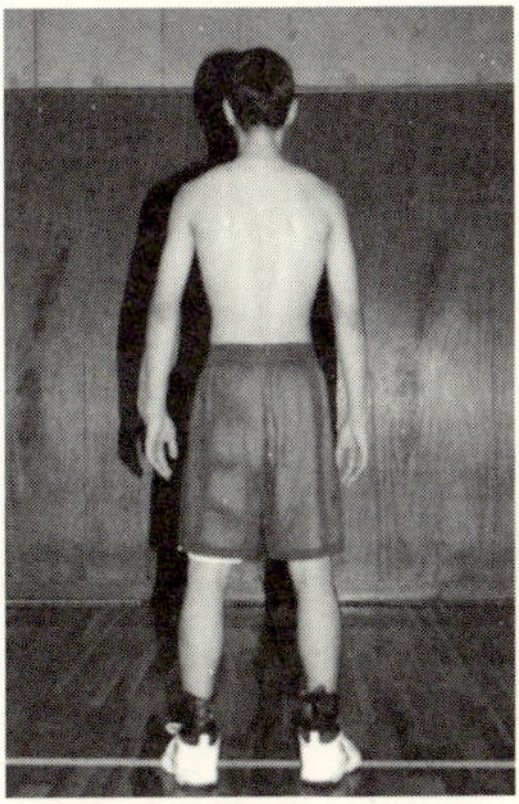

（後）

これが「楽に立つ」コツである。軍隊式直立が体に過剰な負荷を与えるのに対して、この立ち方は長時間の直立を可能にし、当然ながら体にも優しい。

「体への優しさ」、この条件こそがスポーツになくてはならない要素である。私たちが勧める古武術的な身体運用の意味が、ここにある。

いわば、その根幹要素である「踏ん張らず」「ためず」「うねらず」「捻らず」の実践ということになるだろう。それによって、体への過剰な負荷を受けることなく、瞬間的な力の吐き出しや気配のない動きが可能になり、しかも、怪我の不安からも解放される。

そういう意味で、動きの第一歩としての「立ち姿」が、古武術的身体運用へのアプローチに欠かせない重要なテーマとなるかもしれない。

もっとも、動きの基本となる「楽な姿勢」は、スポーツだけの応用に留まるものではない。日常生活での動作だけでなく、楽器の演奏などにも大きな影響を及ぼしてくるだろう。

たとえば、音楽の授業で生徒がピアノを弾くとき、指導者の一部はよくこう口にする。

「背筋を伸ばして、胸を張りなさい」（189ページ）

しかし、この「胸を張る」という姿勢が、鍵盤への腕の伸びを萎縮させることは容易に理解できる。第一章でも説明したように、腕を伸ばし、それを有効に使うためには、「肩を落

ピアノをひくとき、通常教えられる姿勢

背筋を伸ばして、胸を張っているため、腕が縮こまってしまう

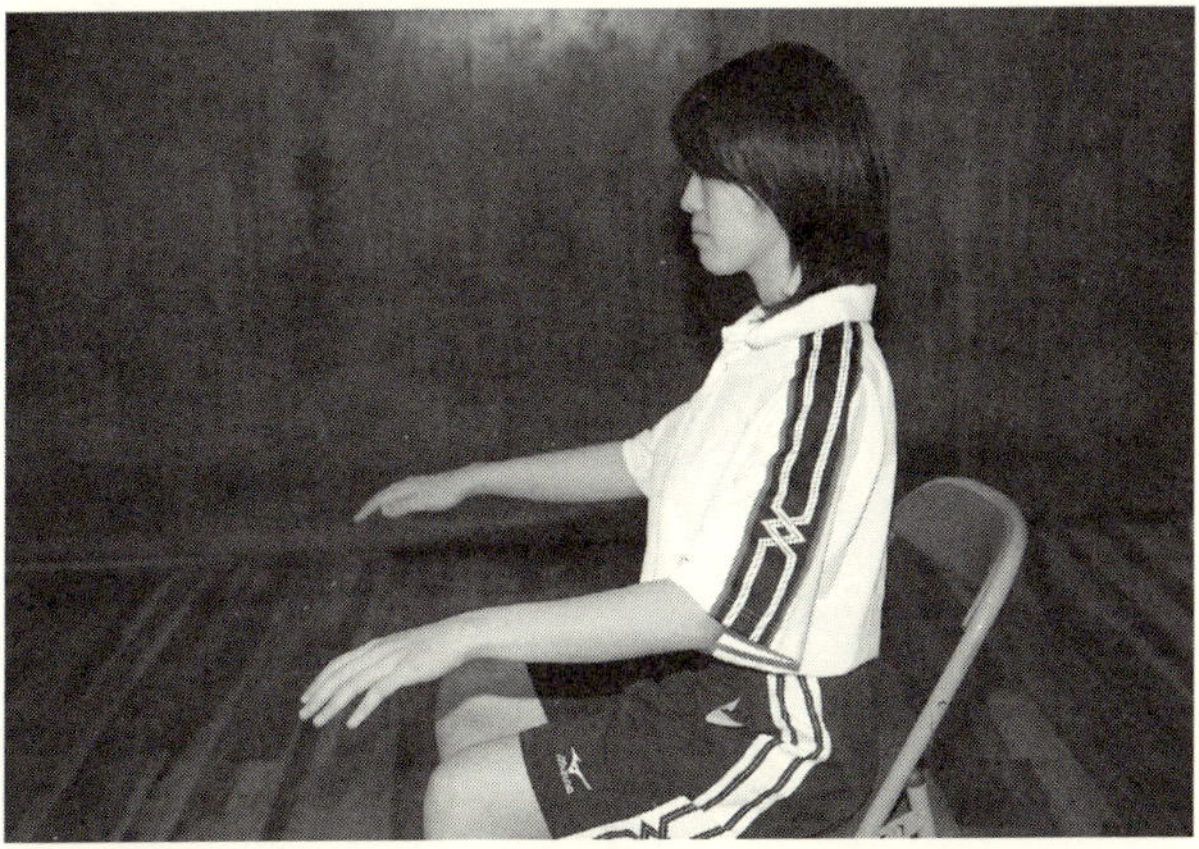

楽な姿勢

背中を弛緩させ、肩を落とすことで、肩甲骨の動きに柔軟さが出る。そのため腕も有効に使える

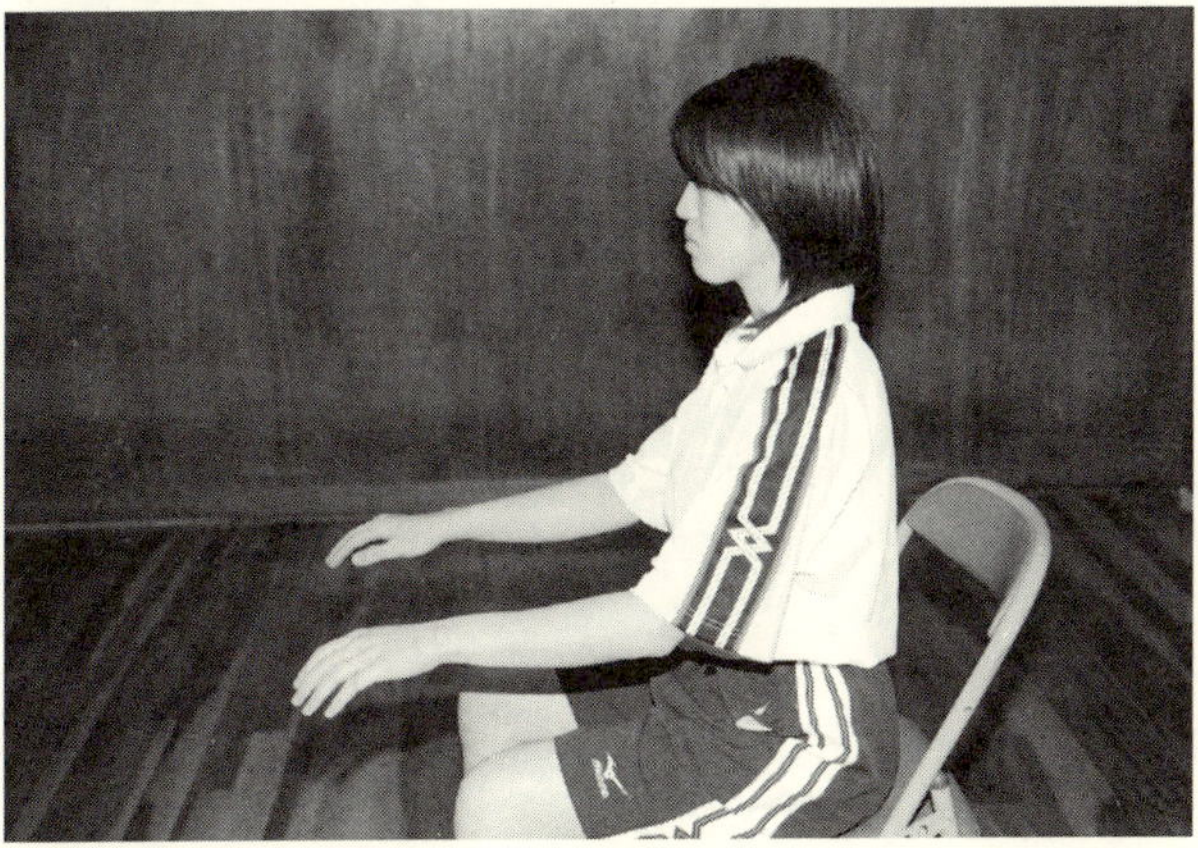

とす」という感覚が必要になってくる。さらに、「肩を落とす」ためには、肩周辺に余裕を持たせなければならない。これは「緩める」と同意語だが、それによって背中に漂う肩甲骨の動きの柔軟さが生まれ、「肩を割る」ことも容易になるだろう。

「胸を張る」ことは、それらの余裕を奪い取る姿勢である。同じようなことは、腕を伸ばすという動作が不可避なトロンボーンやドラムの演奏にもあてはまるだろう。

一方、前出の「井桁崩し」、これはスポーツ以外の分野にも効力を発揮する。再びピアノ演奏を例に出すと、左右に離れた鍵盤を叩くとき、肋骨潰しによって腰から上を並列的に移動させるという方法である（191ページ）。体幹から鍵盤を叩くという感覚が残り、自然体を維持できるだろう。

逆に体幹を捻じりながら腕を伸ばして鍵盤を叩くとどうなるか。体勢が窮屈になり、腕や指先に主役をさせてしまうという弊害は、避けられない。

スポーツにしろ音楽にしろ、やはり「自然体」がベストである。

正しい「前屈」とは

柔軟体操の目的は「体を柔らかくすること」、それによって「怪我を防止すること」と言

通常、離れた鍵盤をひくときの姿勢

体幹を捻じっているため、腕や指先に主役をさせてしまう

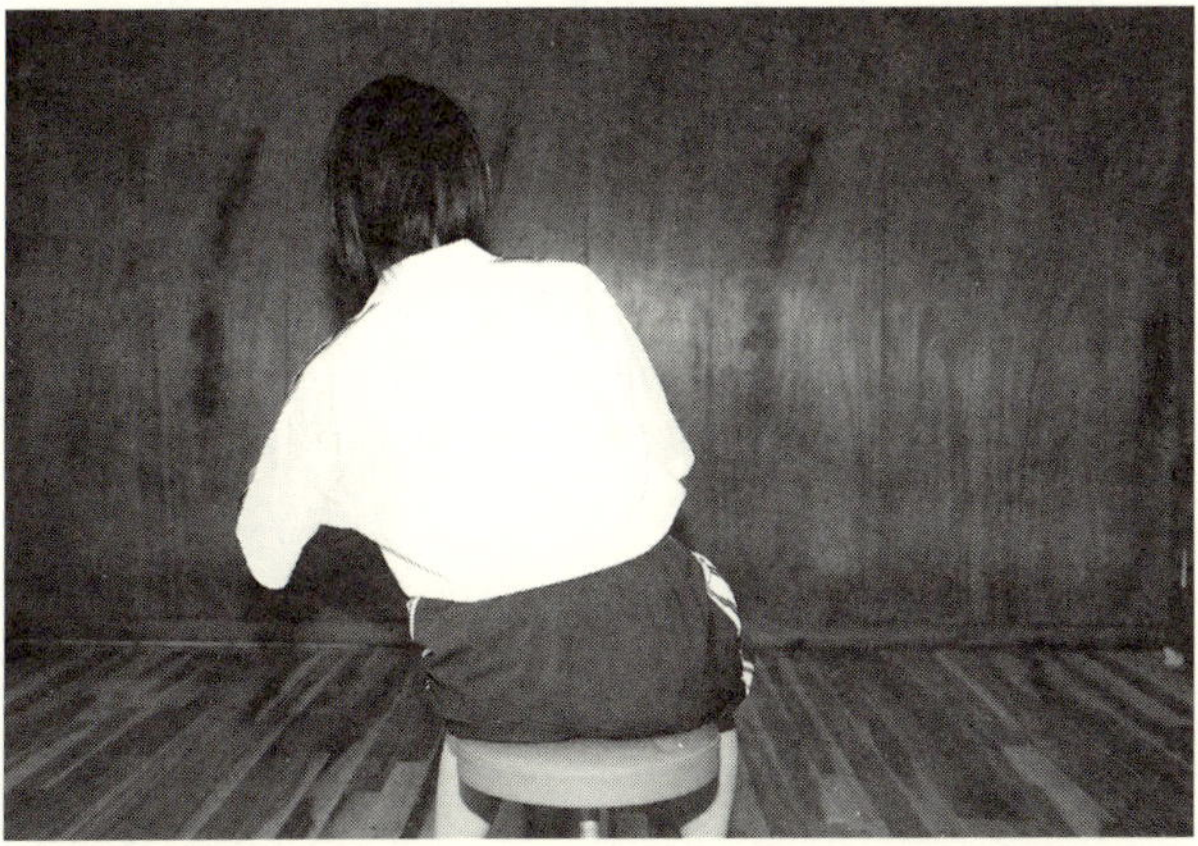

「井桁崩し」で肋骨を潰した姿勢

頭が真っ直ぐで、肩のラインが水平を保っている。体幹から鍵盤を叩くという感覚が残る。体を捻じらないので、楽であることはいうまでもない

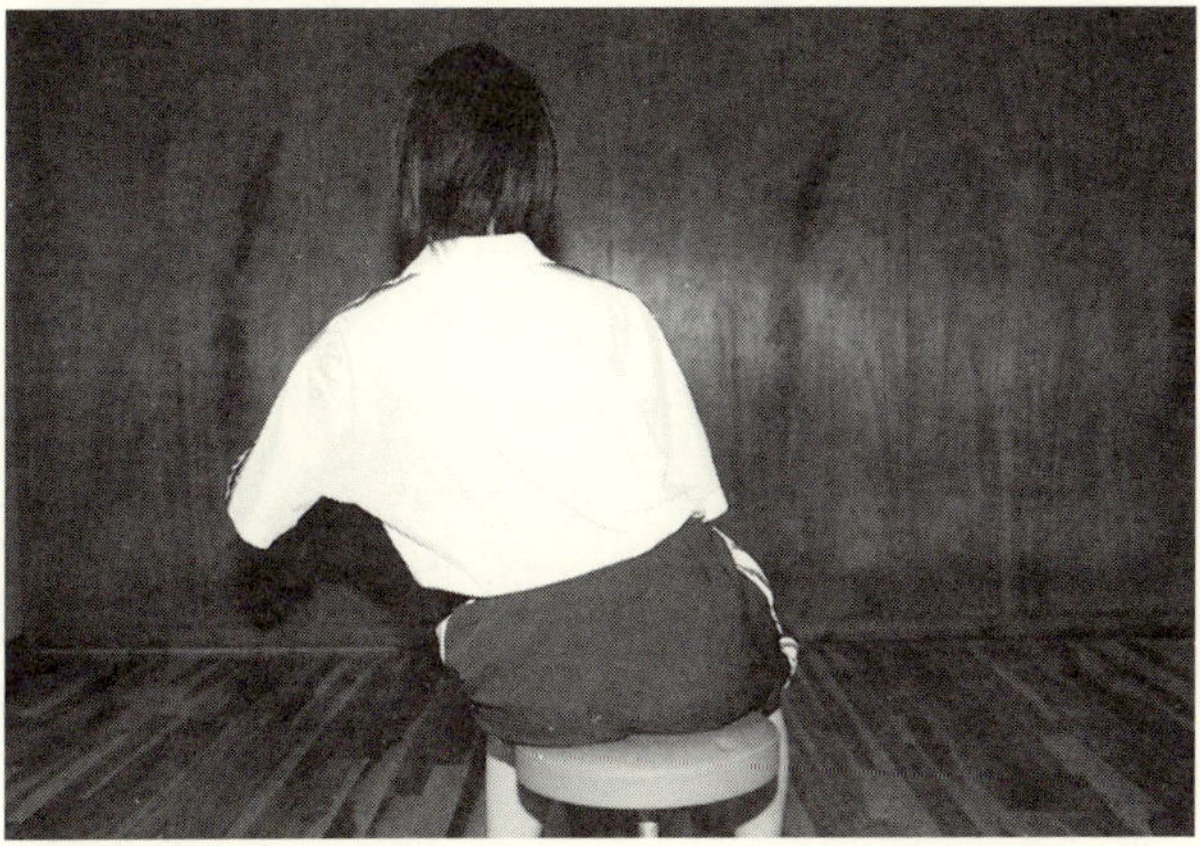

われてきた。193ページ上の立位での前屈姿勢を見てもらいたい。背中が丸まり、いかにも苦しそうだ。体が「堅い」証拠である。

だが、従来ではこう言われてきた。「この姿勢を我慢しながら続けると、いずれ体が柔らかくなり、背中を丸めることなく前屈ができるようになる」

これが的を射たコーチングなのか。

その説明に入る前に、背中が丸まったご老人の姿を、思い浮かべてほしい。特に農村地帯に住むご老人に見受けられる姿だが、おそらくこれは長年続けてきた農作業などの影響によるものだろう。つまり、背中を丸めて、農作業をしてきた痕跡と思われる。

前出の立位での前屈写真も、ある意味、同じ行為をしていると言える。そう考えると、前屈体操は「背中を丸める」ためのもので、したがって柔軟体操とはなんら関係のない動作と言えなくもない。

体はどこから折れ曲がるのか。読者の中には「背中から折れ曲がる」、あるいは「腰の上から折れ曲がる」と思い込んでいる方もいるだろう。

しかし、違うのである。本書の冒頭に「コツをつかむ」という言葉の意味を書いたが、文字通り「骨をつかむ」、すなわち「体の骨の役割」を把握しない限り、正しい柔軟体操は困

背中が丸まった前屈姿勢

いわゆる〝堅い体〟だが、そもそも曲げる位置が違う

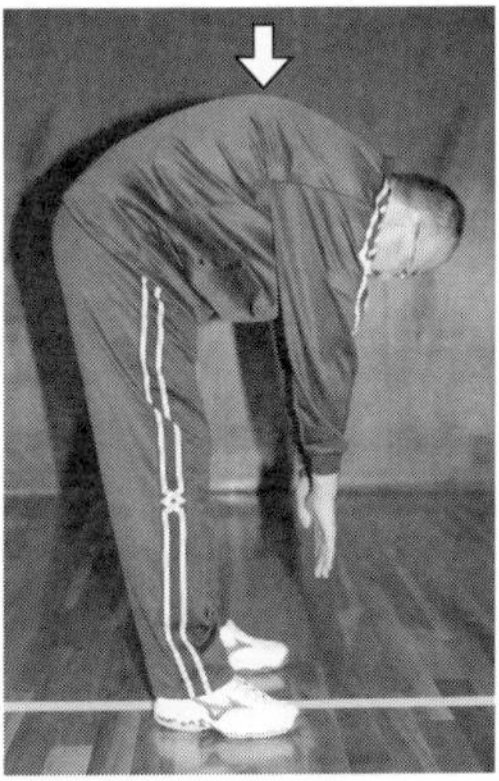

正しい前屈姿勢

背中を曲げるのではなく、股関節の鼠蹊部のラインを折り曲げる

難になってくる。

　それでは、前屈の際、体はどこから折れ曲がらなければいけないのか。答えは股関節である。股関節はちょうど股のラインに位置している。体はこの部分から折り曲げなければならず、そのためには鼠蹊部《そけいぶ》の柔軟性が求められるだろう。

　相撲界では「股割り」という方法で鼠蹊部の柔軟性、ひいては股関節の可動域の拡大を求めている（写真27）。ただし、「股割り」は一朝一夕にできるものではない。力士でも新弟子などは激痛に涙を流しながら股を「割られる」が、徐々に柔らかくするのなら、もっと楽な方法がある。

　写真28は鼠蹊部のためのストレッチの一つである。また、マリナーズのイチローがよく見せるような、足先を股関節から外旋させて、上体を前や左右に倒したり、捻るように動かすといったストレッチも有効だろう（写真29）。その上で提灯をイメージした「折り畳みストレッチ」（38〜39ページ）に取り組んでもいいかもしれない。

　さらに、以下のような方法もある。196ページにあるように、まず膝を曲げた状態で前屈し、両手で両足首をつかむ。股関節が堅い読者には、それでも背中が少し曲がる人もいるかもしれないが、いっこうに構わない。

写真27　千代の富士関（現・九重親方）の股割り

写真28　鼠蹊部のためのストレッチ

写真29　イチローのストレッチ

〈正しい前屈のやり方〉

足首をつかんだ状態から、ゆっくり膝を伸ばしていくことで、体が堅いと思い込んでいる人も、正しい前屈ができるようになる

①

②

曲がるポイントが股関節に移動している

④

③

さて、足首をつかんだその姿勢から、今度はゆっくりと膝を伸ばしてみよう。すると、どうなるか。背中の屈折部位が徐々に下がり、股関節に近づいていくのが分かるだろう。屈折角度の大きい小さいは別として、これで体が股関節から折れ曲がるという形がしだいにできあがっていくのである。

特に股関節が堅い人は、この方法から入ることを勧めたい。

2、立つ

重力を利用する

「立つ」という動作は、ある意味、日常生活で最もポピュラーな行為である。「立つ」ことが頻繁にあるとすれば、「座る」こともまた、負けず劣らずポピュラーな動作と言えるだろう。

いまや、日本は「畳文化」から、「椅子文化」へと大きく移行した。食事はテーブルに椅子を利用し、電車の中でも（混雑していない限り）座るのが当たり前である。トイレも和式から便器に腰掛ける「洋式」へと変わり、勉強や仕事でも椅子はなくてはならない必需品になってきた。

では、椅子から立ち上がるとき、私たちはどんな体の使い方をしてきたのか。多くは両手を両股に添えながら、「ヨイッショ」と両足を踏ん張るようにして立ち上がるだろう（199ページ）。

しかし、それでは当然、体がきつい。特に腰である。「立つ」動作を頻繁に行なうことによって、腰はしだいに疲労をため込み、ついには違和感を生み出す。デスクワークを生業《なりわい》としている人に腰痛が多いと言われる所以《ゆえん》かもしれない。

体に負担をかけない立ち方とは、重力を利用したものである。いわば、放っておいても体が自然と動くという身体の運用と言い換えてもいいだろう。

まずは椅子に座ってもらいたい。それから、足もとの三〇センチほど先の床に何かが落ちていると仮想する。その床に落ちているものを拾うつもりで、腕を伸ばしながら上体を前方に倒す。重力の法則に従って倒れると同時に、腰が自然と浮き上がるのが分かるだろう。そうなると、足や股を踏ん張る必然性は生じない。気がつくと腰が浮き上がっているような感覚で、すんなりと立ち上がることができるはずだ（200～201ページ）。

〈通常の「ヨイッショ」という立ち方〉

この動きを繰り返すことで、腰への負担は避けられないだろう

①

②

③

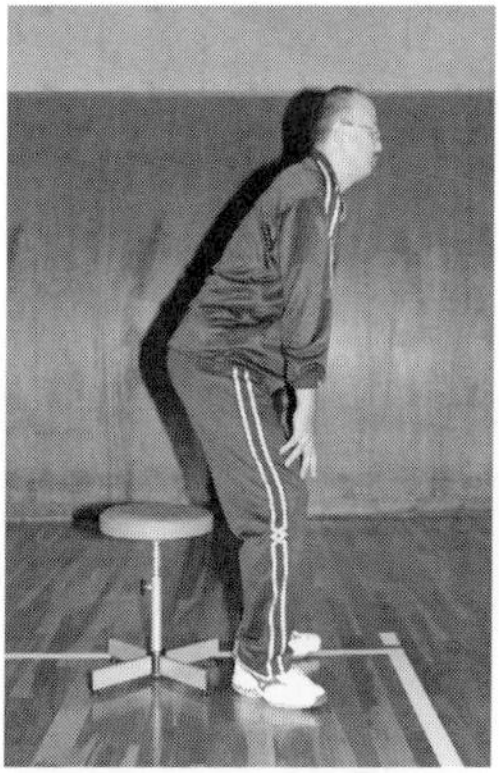

④

③

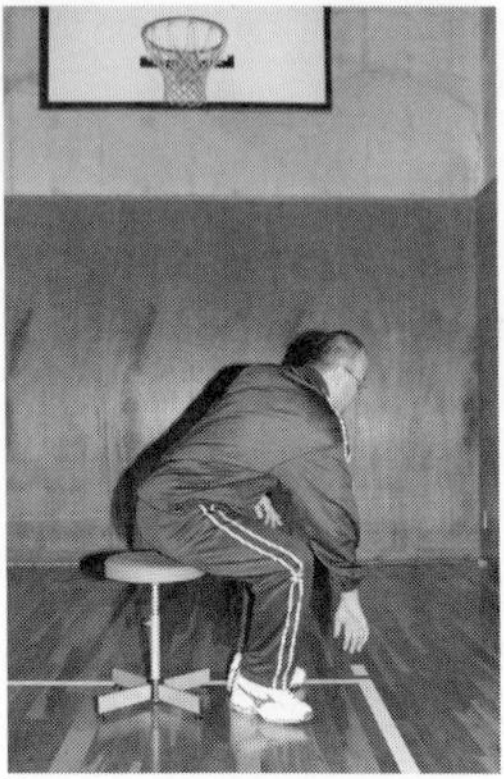

④

⑤

⑥

〈重力を利用した立ち方〉

前方の床に落ちているものを拾うつもりで、倒れるようにして立ち上がる

①

②

⑧

⑦

3、座る

重力の利用は禁物

しかし、「座る」ときの重力の利用は禁物だろう。臀部からドスンと腰を降ろすと、体は衝撃を受ける（203ページ）。しかも、人間というのは、衝撃を緩和させるため、無意識に体を操るという習性がある。これは不自然な動きで、背筋や腰、首などの故障に繋がることが多々ある。

そういう意味で、「座る」場合は、逆に重力の自然エネルギーを相殺《そうさい》させるような身体操作が必要になってくるだろう。つまり、下に働く重力に対して、上に働くエネルギーを生み出せばいいのである。

204〜205ページはそれを応用した「座る」ときの身体の運用である。重力が発生すると同時に、左右いずれかの肘を肩から引っ張るようにして引き上げている。上に向かうエネルギーによって、沈みつつある体の重力の加速を抑えているのである。

この方法はタイミングが重要だろう。体が沈むより早く腕を引き上げると、重力が加わっ

〈通常の「ドスン」という座り方〉

毎回の衝撃が、徐々に体をむしばんでいく

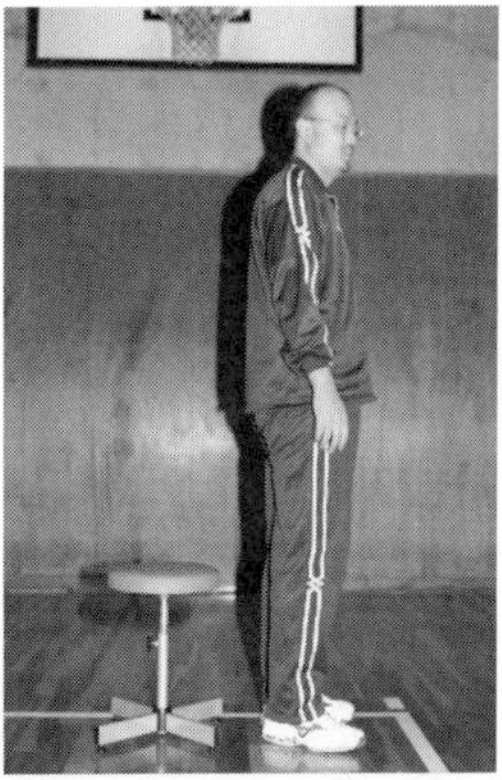

①

②

③

④

③

④

⑤

⑥

〈衝撃を和らげる座り方〉

上向きのエネルギーを生み出し、重力による加速を抑える

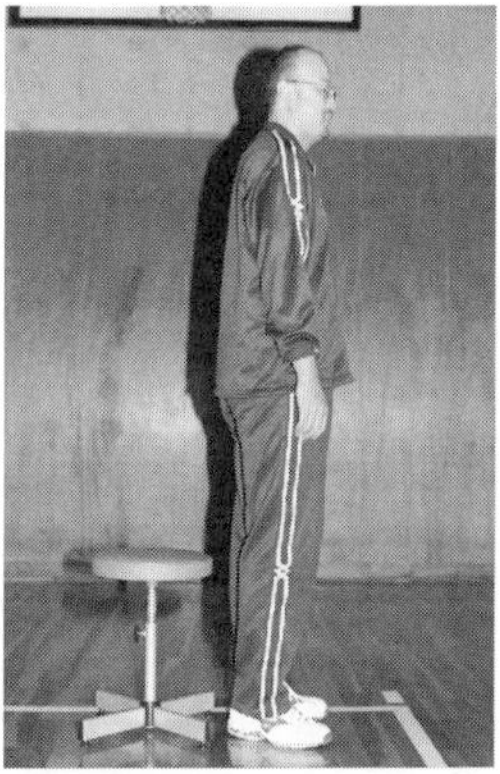

①

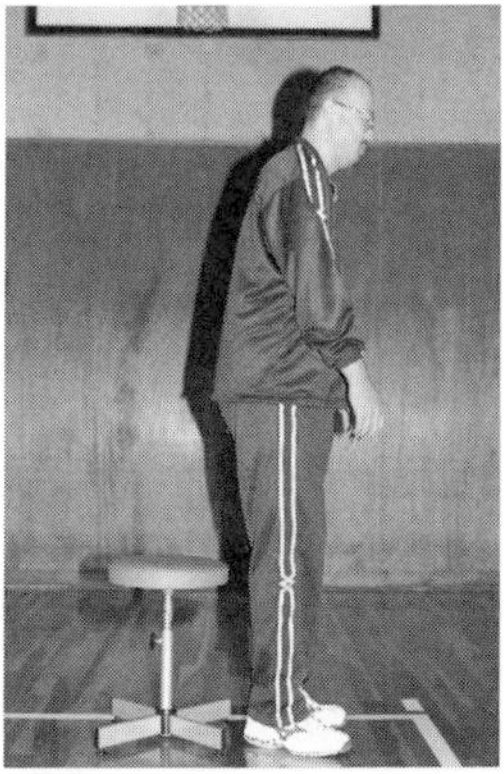

②

⑧

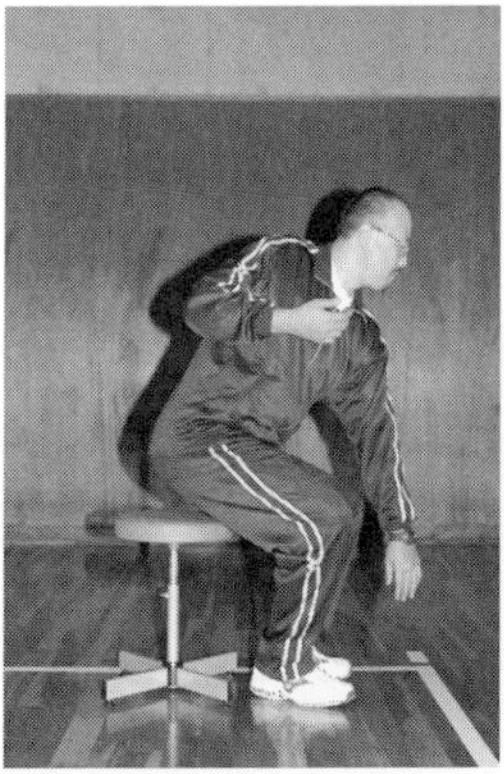

⑦

たときには、すでに上に向かうエネルギーが消滅している。したがって、臀部は椅子に急落下してしまう。反対に腕の引き上げが遅ければ、重力の加速が上に向かうエネルギーを凌駕してしまい、これも同じように臀部に衝撃を与えることになる。

肝心なことは、上と下のエネルギーを中和させることである。あくまでも〝落下〟と〝上昇〟を同時に行なわなければならず、やはりそのタイミングが要《かなめ》となってくる。

しかし、これは、簡単に会得できる感覚だろう。体に余計な負荷を与えないためにも、ぜひマスターしてもらいたい身体の運用法である。

終　章　根性主義と古武術

〝天才〟とは誰よりも練習した人間のことである

いまや「根性」という言葉は形骸化している。スポーツトレーニングにおいて「根性主義」「しごき」が敬遠されるようになったのは、そこに科学的な根拠を無視した精神論ばかりが注入されるからである。

故障者は後を絶たない。当然ながら「しごき」に耐え兼ねた離脱者は続出する。また、離脱は踏み留まるものの、トレーニングそのものを忌み嫌うという〝負〟の意識を抱く要因にもなりうる。翻って言えば、最も原始的な方法で「適者生存」を決めるのが、この「根性主義」の正体なのだろう。

しかし、面白い現象がある。いわゆる「天才」と呼ばれるアスリートの多くが、根性主義的なトレーニングに身を埋めてきたという事実である。

〝神様〟マイケル・ジョーダン。高校時代までの彼は、身長が一八〇センチ程度しかなく、「背を伸ばしたいがため」に暇さえあれば鉄棒にぶら下がっていたという。彼には「天才」という称号も付いて回るが、本人によると実はそうではない。

「俺は天才なんかじゃない。でも、世界中のバスケット選手で、俺より練習し、努力した者はおそらく一人もいないだろう」

高校野球にも「猛練習」で有名な学校が多々ある。練習時間が一日七時間。それを一日も欠かさず、年間三六五日休みなく続ける高校もあるという。

その練習内容はもはや「限界を超えた」もので、常に怪我と背中合わせにある。監督も文字通りの鬼軍曹。それだけに、選手の雰囲気には「負けることは許されない」といった鬼気迫るものがいつも充満している。

ミスタープロ野球・長嶋茂雄。彼もまた、佐倉一高（現・佐倉高）時代と立大時代は、指導者の「しごき」に耐えた一人である。高校時代は雨の日に四時間も走らされた。しかも、途中で倒れた先輩を担いで走らされたというエピソードもある。

有名なのが、立大時代の「月明下の千本ノック」。月明りのもと、砂押邦信監督のノックを至近距離で受けたり、素手で捕球させられたことは、いまだに語り草になっている。「千本ノック」が「猛ノック」と同意語だとはいえ、千本に近い本数のノックを浴びせられたのは事実だという。

一方、かつての日本の陸上界には長尾隆史という四百メートルハードラーがいた。幻のモスクワ五輪の日本代表である。高校時代は四百メートルで四六秒台をマークし、「天才」と騒がれた。その長尾が中学時代を振り返って「トレーニングでは百メートルを一〇〇本も走らされました」と、回想したことがある。無酸素的な全力走法での一〇〇本ならば、殺人的な「猛トレーニング」ということになるだろう。

だが、絶頂期の頃の彼の走りには、少なくとも「根性的な」側面が見えなかった。リラックスした非常に柔らかい走りが特徴だった。その姿からは、「しごかれてきた」痕跡をまるで感じることができない。

長尾だけでなく、「天才」と呼ばれる多くのアスリートが同じである。

ジョーダンの動きに努力の痕跡を垣間見ることができるか。彼ほど難解なプレーをいとも簡単に披露したバスケットプレイヤーはいないだろう。

猛ノックで鍛えられた長嶋の動きに、「しごかれた」悲壮な側面を見ることができたか。打球をさばく彼の動きほど、優雅にして軽やかなものはなかった。

「猛練習」で有名な前出の高校野球部にしても、試合のときは少なくとも根性一色ではなく、選手個々が淀みのないスピーディな動きを見せているという。

どうして、根性主義に塗《まみ》れたアスリートが、こうも柔軟でスムーズな動きを体得することができたのか。

意外なことに、秘密は根性主義の中にある。

たとえば、「千本ノック」。これを従来教え込まれてきた「踏ん張る」「うねる」「捻る」の動きで行なうと、数十本で体力の限界が訪れてしまうだろう。

「鬼軍曹」である指導者は、それでも「休む」ことを許さず、容赦のない猛ノックを浴びせる。「鬼軍曹」の命令は絶対だ。選手はそれこそ死の恐怖にさらされ、限界を超えてもなお、「とる」ことを要求される。

力尽きて失神し、怪我に見舞われ、落伍者が次々と出る中、しかし、一部にはノルマを何とかこなす選手も出てくる。

なぜか――。

気の遠くなるようなノルマに耐えていくうち、まず最初に「この状態を続けていくのは、体力的に無理かもしれない」と、体が模索を始める。次に「どうすればより楽に動くことができるのか」を朦朧《もうろう》とした意識が考え出す。この体と思考の相互の模索過程において、やがて妙なことが起こってくるのかもしれない。

気がつくと、体が「踏ん張る」「うねる」「捻る」の要素を放棄し、流れるように動いているのである。つまり、「地獄の苦しみ」の中から効率的な身体運用法が産声を上げるというプロセスがここにある。

「根性主義」や「しごき」は、確かに故障者や落伍者を作り出す。だが、「犠牲者」はいるものの、あながち否定すべきものではないのかもしれない。

逆に長年の動作の〝癖〟は、意識的な修復によっても、直すことは難しいという側面がある。本書で展開してきた古武術的な身体運用を、各競技のパフォーマンスとして活かすためにも、体得のための「時間」が必要になってくるだろう。

では、時間的な余裕のないアスリートはどうしたらいいのか。

「極限の場に身を置く」のも、一策かもしれない。

協力　桐朋高校バスケットボール部
小平西高校野球部

写真提供　共同通信社（写真1、3、4、5、6、7、12、14、17、18、19、23、26、29）
日刊スポーツ新聞社（写真8、9、13、13－2、20、21、27）
毎日新聞社（写真2、15、16、24、25）
その他は竹内雅弘撮影

矢野龍彦（やのたつひこ）
1952年高知県生まれ。筑波大学体育学修士課程コーチ学修了。桐朋学園大学教授。陸上競技公認コーチ。桐朋高校バスケットボール部コーチ。

金田伸夫（かねだのぶお）
1962年埼玉県生まれ。筑波大学卒。（株）東芝を経て、'91年より桐朋中・高の教師に。2000年、古武術の動きを取り入れた戦法で、桐朋高校バスケットボール部をインターハイ出場へと導く。

織田淳太郎（おだじゅんたろう）
1957年北海道生まれ。スポーツライターとしてノンフィクション、小説の両分野で活躍中。おもな著書に『巨人軍に葬られた男たち』（新潮文庫）、『捕手論』『コーチ論』（小社刊）、『審判は見た！』（新潮新書）など。

ナンバ走《ばし》り　古《こ》武《ぶ》術《じゅつ》の動《うご》きを実《じっ》践《せん》する

2003年11月20日初版1刷発行
2003年12月20日　　3刷発行

著　者――矢野龍彦　金田伸夫　織田淳太郎
発行者――加藤寛一
装　幀――アラン・チャン
印刷所――萩原印刷
製本所――明泉堂製本
発行所――株式会社光文社
東京都文京区音羽1　振替00160-3-115347
電　話――編集部03(5395)8289　販売部03(5395)8114
業務部03(5395)8125
メール――sinsyo@kobunsha.com

ISBN 4-334-03221-4

105
深海のパイロット
六五〇〇mの海底に何を見たか
藤崎慎吾・田代省三
藤岡換太郎

日本でおよそ二〇人、全世界でも四〇人前後しかいない深海潜水調査船のパイロット。日々、深海を旅する彼らは、そこで何を見、何を考え、何を体験しているのか？

106
「情報を見せる」技術
ビジュアルセンスがすぐに身につく
中川佳子

企画書、プレゼン、ウェブ……。見てくれがいいだけではない、効果的なビジュアライゼーションを行うにはどうすればいいのか？「図解」を超えた「技術」を解説。

107
「通販」だけがなぜ伸びる
大手から個人まで…ノウハウを見て歩く
鈴木隆祐

不況下でも連続右肩上がりを続ける、今日本で唯一元気な流通業「通販」。三十数社の現場取材を通して、元気の秘密と、不可能を可能にするビジネスモデルをあぶり出す！

108
ソシュール入門
コトバの謎解き
町田健

ラカン、ストロース、バルトなどの構造主義者に多大な影響を与えた、言語学の巨人・ソシュール。彼がジュネーブ大学で行った有名な「言語学講義」を、今二一世紀の文脈で読み解く。

109
旅客機の旅
読んで愉しい
中村浩美

最初のスチュワーデスの職業は？　トイレの中身はどう処理している？　プロペラ機に乗れる路線は？　ライト兄弟の動力飛行から百年、進歩し続ける空の旅を豊富な逸話を交えて紹介。

110
月と日本建築
桂離宮から月を観る
宮元健次

古来、観月と日本建築は深く結びついていた――。敗者のシンボルか？　滅びの美か？　研究着手から十五年。桂離宮、銀閣寺、伏見城を中心に、秘められた数奇なドラマを読む。

111
蕎麦屋の系図
岩崎信也

そば屋に老舗あり。砂場、更科、藪、東家、一茶庵……江戸・明治・大正の時代から連綿と受け継がれる老舗そば屋の暖簾の系譜を辿り、江戸以来のそば屋の伝統を顧みる。